Bruno Bauch

Luther und Kant

Verone

Bruno Bauch

Luther und Kant

1st Edition | ISBN: 978-9-92500-044-9

Place of Publication: Nikosia, Cyprus

Erscheinungsjahr: 2015

TP Verone Publishing House Ltd.

Nachdruck des Originals von 1904.

Bruno Bauch

Luther und Kant

Verone

Luther und Kant.

Von

Dr. Bruno Bauch,
Privatdozent der Philosophie an der Universität Halle.

> „Wer kann sagen, wie sich die religiöse Organisation Deutschlands gestaltet hätte, wenn ihm damals (d. h. im Zeitalter der Reformation) das Schicksal ein philosophisches Genie wirklich bescheert hätte?"
> Windelband.

Alle Rechte, auch das der Übersetzung, vorbehalten.

Vorwort.

Unser Problem lässt zwei Behandlungsweisen zu: Einmal könnten die stattfindenden Anschauungsbeziehungen Luthers und Kants gleich unvermittelt neben einander gestellt werden. So aber müssten sie aus der Totalität der Gedanken beider herausgerissen werden, ohne durch das blosse Nebeneinanderstellen eine gründliche Klarheit zu verstatten. Oder es liessen sich zweitens die Anschauungen beider zunächst für sich in ihrer Gesamtheit, soweit sie für das Problem in Frage kommen, darstellen, sodass erst das selbst klar wird, was verglichen werden soll, um dann die stattfindenden Vergleichspunkte mit voller Deutlichkeit hervorspringen zu lassen.

Ich habe das zweite Verfahren eben der Deutlichkeit wegen gewählt.

Diese wird, hoffe ich, auch dem Leser einige, aber nur wenige so allerdings nötig gewordene Zurückverweisungen einzelner Fussnoten im letzten Kapitel vergüten, zumal ihm gerade das von mir gewählte Vergleichsverfahren eine sehr leichte Kontrole und eine mühelose Probe über die Richtigkeit des Resultates ermöglicht.

Ich habe sonst nur noch zu bemerken, dass diese Schrift ein etwas erweiterter oder richtiger hier im ursprünglichen Umfang veröffentlichter Abdruck meiner gleichzeitig in den Kantstudien erscheinenden Habilitationsschrift ist, von der bereits ein kleiner Abschnitt — ein Teil des IV. Kapitels dieser Gesamtdarstellung, die Paragraphen 14, 15, 16 — unter dem Titel „Vom Prinzip der Moral bei Kant" als Einladungsschrift zu meiner Antrittsvorlesung im vorigen Jahre gedruckt wurde.

Halle a. S., im Juni 1904.

Bruno Bauch.

Inhalt.

	Seite
Einleitung	1
I. Teil: Die sittlich-religiösen Anschauungen Luthers	20
Kap. I: Die Idee des Glaubens bei Luther	20
§ 1. Der inhaltliche Glaube	21
§ 2. Der formal-praktische Glaube	29
§ 3. Das Verhältnis von inhaltlichem und formal-praktischem Glauben	36
Kap. II: Der Glaube und die Werke	42
§ 4. Das gute Werk im Sinne der alten Kirche	43
§ 5. Notwendige logische Disjunktion des Begriffs vom guten Werk	45
§ 6. Luthers faktische Unterscheidung von Wertfeindschaft und Wertindifferenz des „guten Werks" im alten Sinne	47
§ 7. Das gute Werk in Luthers Sinne im Gegensatz zur alten Auffassung	49
§ 8. Der persönliche Glaube als einziges Wertmass für das gute Werk	52
Kap. III: Die Persönlichkeit und die sittlich-religiöse Gemeinschaft	64
§ 9. Thäter und That	65
§10. Die unendliche Wirkungssphäre des Einzelnen im Leben	73
§11. Der Einzelne und der Nächste	79
§12. Die Religionsgemeinschaft	83
§13. Rückblick	88

		Seite
II. Teil: Die ethischen und religionsphilosophischen Prinzipien Kants. — Der Vergleich		92
Kap. IV: Das Prinzip der Moral		92
§ 14. Die negative Bestimmung des Sittengesetzes		94
§ 15. Die positive Bestimmung des Sittengesetzes		98
§ 16. Die Postulate der reinen praktischen Vernunft und die Idee des höchsten Gutes		106
§ 17. Die Intelligibilität der Persönlichkeit		112
§ 18. Die Person als Gegenstand der Achtung		123
Kap. V: Vom Wesen der Religion		127
§ 19. Das Prinzip der Religion		128
§ 20. Die Mittel zur Erfüllung der religiösen Aufgabe		132
Kap. VI: Der Vergleich		143
§ 21. Der inhaltliche Gegensatz		143
§ 22. Der methodische Gegensatz		144
§ 23. Die von Luther angebahnte und von Kant vollzogene Überwindung des Gegensatzes von theologischer und philosophischer Ethik		145
§ 24. Die prinzipielle Verinnerlichung und die Autonomie		149
§ 25. Die sittliche Irrelevanz von Glück und Verdienst		153
§ 26. Die Lebendigkeit der sittlichen Bethätigung und das Auswirken der gottgewirkten Anlage zum Guten in der Persönlichkeit		157
§ 27. Nächstenliebe und Achtung vor der Person		161
§ 28. Die Kirche		164
Schlussbemerkung		170

Einleitung.

„Ein Philosoph vermag die Mittel aufzutreiben, um die Dogmen der griechischen Kirche tiefsinnig und weise zu finden; kein Philosoph aber ist im Stande, dem Glauben Luthers irgend welchen Geschmack abzugewinnen." Kein Geringerer als Harnack ist es, von dem dieser Ausspruch stammt.[1]) Und doch wird ihm vielleicht kein Philosoph uneingeschränkt hierin beistimmen. Unsere eigene Untersuchung ist zum grossen Teil in letzter Linie — bald explizite, bald implizite — nichts anderes, als eine Betrachtung des Glaubens Luthers unter philosophischem Gesichtspunkte. Und für diesen erweist er sich doch nicht von der Art, dass man an ihm gar keinen Geschmack finden könnte. Gewiss, dieser oder jener Glaubenssatz wird dem Philosophen geschmacklos, ja unvernünftig, nicht bloss unphilosophisch erscheinen. Wenn Harnack das so meinte, wäre ihm nicht zu widersprechen. Wenn man aber auf die Totalität, die Idee von Luthers Glauben sieht, mit ihrer ganzen Fülle und Tragweite, so wird doch auch dem Philosophen eine gewisse Bedeutsamkeit nicht verborgen bleiben.

Unsere Untersuchung ist also sowohl eine einseitige, insofern wir Luthers Glauben mit seiner Bedeutung und Tragweite nur vom philosophischen Standpunkte betrachten; als auch ist sie eine vielseitige, weil es uns auf kein einzelnes Glaubensstück, keinen bestimmten Glaubenssatz, sondern auf die Totalität, die Idee des Glaubens ankommt.

---

[1]) Dogmengeschichte III. Bd. S. 787.

Ganz davon abgesehen, dass man Luther biographisch, oder vom theologischen, auch politischen Gesichtspunkte zu betrachten vermöchte, könnten sich schliesslich für jede dieser übergeordneten Betrachtungsweisen noch weitere untergeordnete Gesichtspunkte ergeben. Wir haben hier nur einen Gesichtspunkt vor. Das ist der des philosophischen Wertes von Luthers Glauben und dessen Tragweite. Für Harnack ist der übergeordnete Gesichtspunkt fraglos der theologische. Und doch spaltet er sich für den Theologen nach drei historischen Momenten, und so stellt er schliesslich die drei Betrachtungsweisen dar: „Das Christentum Luthers", „die Kritik Luthers an der herrschenden kirchlichen Überlieferung und am Dogma" und „die von Luther neben und in seinem Christentume festgehaltenen katholischen Elemente".[1])

Schliesslich lässt sich aber auch unsere philosophische Fragestellung historisch wenden. Wir können sie nämlich auch dahin formulieren: Was dürfen wir heute noch, ja allezeit, an philosophischem Massstabe gemessen, von Luthers Glaubensweise für wertvoll halten? Und so zeigt sich, dass der hier vorliegende Versuch nichts weiter sein will, als gleichsam eine philosophische Ergänzung zu Harnacks drei Gesichtspunkten. Dabei kann sich auch kein prinzipieller Gegensatz zu dem Führer der modernen Theologie ergeben, weil unsere Betrachtungsweise auf einem anderen Boden und in anderer Richtung verläuft. Sie macht nicht den Anspruch, theologisch von Bedeutung zu sein, wenn sie auch für den Theologen nicht ganz ohne Interesse sein dürfte, indem sie aus dem theologisch-Wesentlichen, das z. B. gerade die drei erwähnten Gesichtspunkte Harnacks bieten, das lediglich philosophisch-Wesentliche herausschält. Dieses wird sich zwar innerhalb der Fülle der Gesamtanschauung Luthers als Antithese zu dem dritten Gesichtspunkte Harnacks auffassen lassen, und doch keinen Widerspruch dagegen bedeuten, dass dessen drei Betrachtungsweisen überhaupt zu Recht bestehen.

---

[1]) a. a. O. S. 736–807.

Damit sind unserem Probleme von vornherein gewisse Grenzen gesetzt. Wir machen keineswegs den Anspruch, die historische Lutherforschung auch nur im mindesten zu bereichern, sondern suchen nur aus dem bereits mehr oder minder Bekannten das philosophisch Bedeutsame herauszuarbeiten. Und wenn wir davon, in einer historischen Wendung, als dem heute noch Giltigen sprachen, so legten wir eben doch nicht einen rein historischen, sondern zugleich auch philosophischen, nur historisch gewandten Wertgesichtspunkt an. Dass wir das philosophisch Bedeutsame in seinem Werte, trotzdem wir Luther nicht zum Philosophen stempeln wollen, nicht gering anschlagen, das mag daraus hervorgehen, dass wir sagen, man könnte ihn als Vorläufer Kants betrachten. Dazu aber müssen wir auch noch kurz skizzieren, erstens in welchem Sinne wir überhaupt den Begriff der Vorläuferschaft brauchen, und zweitens, in welchem Umfange wir Luther als Vorläufer Kants gelten lassen.

Wie sehr Kant überall originell ist und auf eigenen Füssen steht, weiss jeder, dem die Geschichte der Philosophie nicht ganz fremd ist. Und gerade die historische Forschung hat von dem Wenigen, von dem man anfänglich die Kantische Lehre beeinflusst glaubte, noch das Meiste in Abzug gebracht. Man hat fast nach jeder Richtung hin Kantische Vorläuferschaften abgelehnt, und heute glaubt man eigentlich nur noch an die von Kant selbst so sehr betonte Abhängigkeit von Hume. Selbst der lang gehegte Glaube, dass Lambert ein Vorläufer Kants gewesen, ist durch die scharfsinnigen Untersuchungen von Otto Baensch[1]) jüngst zerstört worden. Um so bedenklicher scheint es, hier Luther, von dem man weiss, wie sehr er die Philosophie gescholten, als einen neuen Vorläufer Kants hinzustellen. Nun in dem Sinne, in dem man Hume als Vorläufer Kants fassen muss und Lambert lange Zeit gefasst hat, nehmen wir in diesem Falle den Begriff auch nicht.

---

[1]) Johann Heinrich Lamberts Philosophie und seine Stellung zu Kant. Von Dr. Otto Baensch. Tübingen und Leipzig.

Wir meinen gar nicht, dass Luther unmittelbar oder mittelbar einen bestimmenden, Richtung gebenden Einfluss auf Kant ausgeübt habe. Daher braucht auch erst Niemand gegen uns nachzuweisen, Luther liesse sich — so ungeheuer bedeutsam sein Erscheinen für die Geschichte der Menschheit überhaupt auch sei — doch aus dem engeren Rahmen der Geschichte der kritischen Philosophie wegdenken, ohne dass deren Entwickelung auch nur im mindesten alteriert würde.[1])

Will man also unter dem Vorläufer eines Denkers nur denjenigen verstehen, der auf ihn einen tiefgreifenden Einfluss gehabt, seine wissenschaftlichen Anschauungen in dieser oder jener Richtung nachdrucksvoll bestimmt hat, dann dürfen wir Luther keinen Vorläufer Kants nennen.

Es giebt aber noch ein Verhältnis zwischen historischen Persönlichkeiten, das diese Benennung rechtfertigen dürfte. In der Geschichte des menschlichen Geistes kommt es vor, dass Ideen keimhaft zur Äusserung gelangen, die Jahrhunderte nachher ihre scharfe, kritische Prägung erhalten und vollends begrifflich systematisch ausgestaltet werden, ohne nachweisbare Verbindung beider historischer Pole. So hat auch Luther Wahrheiten ausgesprochen, die Kantische Ideen entweder keimhaft enthalten, oder solche sogar mit ziemlicher Deutlichkeit darstellen. Nur sind sie auch im zweiten Falle nicht systematisch entwickelt und verarbeitet, oder gar wirklich in ein vollendetes System gebracht. In diesem sozusagen positivistischen Sinne, in dem es uns gleichviel gilt, ob Kant nachweislich unter Luthers Einfluss gestanden und Anregungen von ihm, unmittelbar oder mittelbar, empfangen hat, oder nicht, wollen wir ihn als Vorläufer Kants verstehen. Will man ein Analogon aus dem Gebiete der Geistesgeschichte sonst, so scheint mir die Geschichte der Astronomie das passendste zu liefern. Man denke

---

[1]) Dass man damit nun doch gegen die allgemein-historischen Zusammenhänge etwas rücksichtslos verführe, wird andererseits wohl Niemand leugnen. Aber wir wollen die Geschichte hier nicht einmal rekonstruieren.

an Aristarch und Kopernikus. So, glaube ich, wird man uns nicht missverstehen; eher wird man sagen, dass wir zu wenig als zu viel Einfluss statuieren, da nun doch die historische Kontinuität zwischen Luther und Kant eine innigere ist, wie die zwischen Aristarch und Kopernikus. Wir wollen also nur behaupten, dass man in dem Sinne und mindestens mit demselben Recht wird Luther einen Vorläufer Kants nennen dürfen, wie etwa den Aristarch einen Vorläufer des Kopernikus.[1])

Nun haben wir noch den Umfang, in dem man den Begriff des Vorläufers auf Luther im Verhältnis zu Kant anwenden kann, zu bestimmen. Auch das können die letzten Bemerkungen wenigstens nahelegen.

Dass die Totalität der gewaltigen Wirksamkeit Luthers ebensowenig wie seine Person und seine Lebensschicksale Gegenstand dieser Untersuchung sind, war von vornherein klar, weil wir nur das philosophisch-Bedeutsame an ihm, seine Vorläuferschaft zu Kant behandeln wollen. Aber auch schon aus dem Sinne, in dem wir diesen Begriff verwandten, geht die relative Enge des Umfanges hervor, in dem wir ihn gebraucht wissen wollen: Wir erwarten kein philosophisches System. Die logischen und erkenntnistheoretischen Untersuchungen, die Subtilitäten der Metaphysik liegen Luther so fern, wie sie dem impulsiven Drange eines Reformators, dem feurigen, leidenschaftlich-fromm-bewegten Herzen eines religiösen Genies nur fern liegen können. Sittlich-religiöser Natur nur können eben des religiösen Genies Intuitionen sein. Wie Luther für die Geschichte vor allem der Moral und Religion

---

[1]) Wenn Riehl von „bewusster Anlehnung" des Kopernikus „an seine antiken Vorgänger" redet, so widerspricht dies uns keineswegs. Der „kühne Gedanke" ist es, der von Kopernikus ergriffen wird, nachdem ihn lange Jahrhunderte vor ihm die pythagoreische Philosophie gefasst, und insofern könnte man von bewusster Anlehnung immerhin sprechen, ohne eine innigere Beziehung zwischen Aristarch und Kopernikus statuieren zu wollen, als wie zwischen Luther und Kant. Denn bei Kopernikus erhält die Idee erst ihre prinzipielle Begründung. Vgl. Riehl: „Zur Einführung in die Philosophie der Gegenwart". S. 25 f.

bedeutsam geworden ist, so können wir auch seine Vorbedeutung für Kant allein auf den Gebieten der Ethik und Religionsphilosophie erwarten. Und auch hier können wir uns, wenn wir zugleich zurückdenken an den Sinn, in dem wir ihn als Kants Vorläufer fassen, im voraus sagen: viel mehr genial hingeworfen, als in einen streng logisch-systematischen Zusammenhang gebracht, treten seine Ideen zu Tage. Nicht immer, ja oft überhaupt nicht, ist er sich ihrer Tragweite ganz bewusst. Manches werden wir im Verhältnis zu den Anschauungen Kants viel mehr als blossen, wenn auch in deren Richtung durchaus veranlagten Keim, denn als mit ihnen absolut identisch und für sie vollkommen vorbildlich ansehen dürfen. Was er im dunklen Drange seines religiösen Gemüts mehr ahnt und fühlt, als begreift, das werden wir bei Kant in das Licht bewusster Klarheit durch die philosophisch-begriffliche Reflexion erhoben und dann in seinen ganzen Konsequenzen verfolgt sehen. Ja, unvereinbare Gegensätze in den Ideen und Zielen Luthers werden wir nicht verkennen dürfen, es sind die Gegensätze des Alten und Neuen, des Überkommenen und des Eigenen, Selbstgeschaffenen, die Luther zu vereinen sucht, die sich aber schlechthin nicht vereinigen lassen, sodass durch seine Gedankenwelt ein Riss geht, der für die ganze Folgezeit bedeutsam werden musste. Es ist der Riss der unvollendet gebliebenen Konsequenz, der, wie Gustav Freytag bemerkt,[1]) in der Persönlichkeit Luthers zu etwas Tragischem führt. Die „Beschränktheiten seiner Natur und Bildung" werden wir gegenübertreten sehen „seinem grossen Herzen". Aber wir werden mit Freytag auch sagen können: „Alle Beschränktheiten seiner Natur und Bildung verschwinden gegen die Fülle von Segen, welcher aus seinem grossen Herzen in das Leben seiner Nation eingeströmt ist." Denn auch das, was in philosophischer Beziehung bedeutsam ist, entspringt nicht aus der Reflexion seines Verstandes, es quillt vielmehr hervor aus dem tiefen

---

[1]) Bilder aus der deutschen Vergangenheit. III. S. 125 f.

Gefühl seiner religiösen Eigenart. Die begriffliche Klärung und kritische Durchbildung dessen, was aus dieser Herzensintuition bereits geflossen, blieb der Philosophie vorbehalten, der Philosophie, die zwei Jahrhunderte nach Luther, der grösste, schaffensgewaltigste Philosoph unserer Nation, darstellen sollte.

So werden wir verstehen, dass Kant, trotzdem oder gerade weil er mit Luther im Ideenfundament übereinstimmte, im Aufbau und Ausbau seines Systems Luthers Gegensätze überwinden musste, dass für ihn manches, ja vieles in Wegfall kommen musste, was in des Reformators Fühlen und Wollen ein unveräusserlicher Bestand bleiben sollte; verstehen, wie das, was an Luthers Ideen ewig ist, und was schon eine Jahrhunderte alte Mission hinter sich hat, als Kant in die Entwicklung der Menschheit eingreift, in des Philosophen Genius sich hindurchringt zu widerspruchsloser Klarheit, zu dem Anspruch auf kritische Anerkennung und kritische Geltung, sodass erst dadurch seine ewige Geltung fest gegründet ist. In dieser Weise werden wir Luther als Vorläufer Kants anzusehen haben und wollen ihn angesehen wissen.

Dass man überhaupt einmal versucht, Luther und Kant vergleichend gegenüberzustellen, dürfte nichts weiter Überraschendes sein. Diese Problemstellung ist gar nicht besonders originell. In der philosophie-historischen Forschung sind bereits mannigfache Hinweise darauf gegeben. Daher erscheint es mir als Pflicht und Schuldigkeit, wenigstens in aller Kürze den Stand des Problems zu skizzieren.

Am frühesten [1]) und bei weitem am besten hat wohl Dilthey in seinen feinsinnigen und gehaltvollen Untersuchungen im Archiv

---

[1]) Wenn wir von Lommatzsch absehen. Dieser hat allerdings schon eher in seinem Werk über „Luthers Lehre vom ethisch-religiösen Standpunkte aus", etc. ohne aber auch nur im geringsten den Kern zu treffen, mit einer Polemik gegen Kant (S. 89 f.), die am Ziele vorbeigeht, das Verhältnis kurz gestreift. Aber doch mit so wenig Glück, dass wir von den hier erwähnten Stellen eigentlich absehen könnten. Auch bringt er (S. 175) Luther und Kant in einen Gegensatz, der, wie wir sehen werden,

für Geschichte der Philosophie auch unser Problem berührt. Er stellt hier dar sowohl die „Auffassung und Analyse des Menschen im 15. und 16. Jahrhundert", als auch das „natürliche System der Geisteswissenschaften im 17. Jahrhundert", und da muss er natürlich auch unter den historischen Richtungen auf den Lutherischen Bestandteil treibender Kraft hinweisen. Kurz und überaus treffend betont er, dass Luther, bei allem Festhalten am Dogmatismus, doch durch die Zurücknahme des Dogmenglaubens in die individuelle Seele, zur Unabhängigkeit der Person gelangt.[1]) Und sehr bedeutsam erscheint mir die Ansicht Diltheys, die er dahin formuliert:[2]) „Ich leugne durchaus, dass der Kern der reformatorischen Religiosität in der Erneuerung der Paulinischen Rechtfertigung durch den Glauben enthalten ist.[3]) Diese Lehre ist von Augustinus, dem heiligen Bernhard, Tauler und der deutschen Theologie im Wesentlichen besessen worden, ohne dass eine neue Epoche der christlichen Religiosität daraus hervorgegangen wäre. Ich muss sonach auch in Abrede stellen, dass der Zurückgang auf die Schrift als die zureichende Quelle für den christlichen Lebensprozess der Kern des reformatorischen Glaubens sei. Diese Einsicht ist auch vor Luther von den Theologen[4]) ausgesprochen und neben ihm hat Erasmus sie geltend gemacht, ohne zur Reformation überzutreten. Ich finde vielmehr, dass die reformatorische Religiosität

---

zwischen beiden nicht besteht. Wenn Kant die absolute Innerlichkeit betont, ohne nach dem wirkenden äusseren Erfolg zu schielen, so werden wir gerade darin eine Verwandtschaft, und zwar die Hauptverwandtschaft mit Luther, aber keinen Gegensatz, gar bald erkennen können. Der Gegensatz zwischen Luther und Kant ist allein der, der in Luther selbst besteht und den der Reformator für sich und in seiner Person nicht zu überwinden vermochte, insofern er eben nie den theoretischen Dogmatismus überwand.

[1]) Archiv für Geschichte der Philosophie. V. Band, S. 357.
[2]) a. a. O. VI. S. 377.
[3]) Harnack (Dogmengeschichte III, S. 757) widerspricht darin Dilthey. Wir kommen darauf zurück.
[4]) Dilthey zitiert Duns Skotus in libr. sent. Prol. quaest. III, 14. sacra scriptura sufficienter continet doctrinam necessariam viatori.

über das auf allen früheren Stufen des Christentums Gegebene hinausgegangen ist... Luther ist über Alles, was von christlicher Religiosität uns vor ihm überliefert ist, hinausgegangen. Er hat ein neues Zeitalter der Religiosität des Abendlandes heraufgeführt. Dieser Fortschritt stand in einem notwendigen Zusammenhange mit der ganzen Entwickelung der germanischen Gesellschaft... Die Person fühlte sich jetzt in der abgeschlossenen Eigenheit ihres Gehaltes. Jedem Verbande gegenüber fühlte sie ihren Selbstwert und die ihr innewohnende Kraft."

Nichts Geringeres also als die Übertragung des auf den verschiedenen Kulturgebieten der germanischen Gesellschaft sich mächtig regenden und wirksam werdenden „Bewusstseins des Wertes und der Autonomie der Person" auf das religiöse Gebiet ist nach Dilthey die That Luthers.

Dass er den Begriff der Autonomie,[1]) den man gewöhnlich nur mit dem Begriff der Kantischen Ethik verbindet, schon Luther zuweist, scheint mir selbst ein bedeutsamer Hinweis auf Kant zu sein, und wenn Dilthey für seinen Zusammenhang auch nicht ausdrücklich auf Kant eingehen kann, so glaube ich doch, dass er sich der Geistesverwandtschaft Luthers und Kants sehr wohl bewusst ist. Das geht für mich auch noch besonders daraus hervor, dass er in anderem Zusammenhange Kant ausdrücklich in die Reihe der Transscendentaltheologen stellt. Unter der transscendentalen Theologie versteht Dilthey nämlich die zur transscendentalen Philosophie in Analogie stehenden Richtungen, „welche hinter die gegebenen Formeln, Historien, Dogmen zurückzugehen streben auf ein immer und überall wirkendes

---

[1]) Wir müssen für unseren Zusammenhang zwar bei Luther den Begriff der Autonomie vermeiden, um ihn für Kant vorzubehalten. Aber wir selbst werden zeigen, wie bei Luther alles auf den Sinn der Autonomie hindrängt. Wollten wir also gegen Diltheys Gebrauch des Wortes ‚Autonomie' polemisieren, so wäre es in der That nur ein Streit ums Wort. Denn wir selbst sind der Überzeugung, dass die Hervorkehrung der Autonomie dem Sinne nach in Wahrheit Luthers That ist.

menschlich Göttliches in der Seele, das alle diese Gestalten des religiösen Lebens hervorbringt. Dieser Richtung haben Täufer und Mystiker, Historiker und Philosophen ohne Zahl angehört. Sie findet sich bei Denck und Franck, bei Valentin Weigel und Jakob Boehme, bei Kant und Goethe, bei Schleiermacher, Carlyle und Hegel. Sie hat ihren Mittelpunkt ausserhalb der Theologie, nämlich in dem grossen Bewusstsein von der schöpferischen und mit dem Unsichtbaren verknüpften Menschennatur, welche sich in der Kunst, Religion und Moral, wie in der Spekulation manifestiert. Die ganze Geschichte ist ihr Reich." [1]) Und darin kann ich auch andererseits einen grossartigen Hinweis auf Luther sehen, selbst wenn Dilthey meint, gerade im Reformationszeitalter seien diese Richtungen nicht recht aufgekommen und zur Geltung gelangt.

Es verlohnte sich wohl, diese unseren Gegenstand berührenden Äusserungen Diltheys so ausführlich und möglichst vollständig wiederzugeben. Denn wenn er nach der Fassung seines Problems auch keine Parallele zwischen Luther und Kant ziehen kann, wenn er auch den philosophischen Grundzug der Lutherischen Religiosität nicht durch eine spezielle Analyse der Anschauungen des Reformators selbst, sondern durch eine allgemeine Analyse der historischen Triebkräfte und Richtungen der in Frage stehenden Zeit nur herausstellt, so scheint mir doch der springende Punkt für das philosophische Verständnis der Anschauungen Luthers, von dem aus man weiter gehen und auch die Parallele zu Kant gewinnen muss, und den wir selbst aus Luthers Gesamtanschauung analysieren werden, mit solcher Klarheit erkannt, dass ich in den kurzen Äusserungen Diltheys den bisher höchsten Stand meines Problems sehe.

Ehe ich mich aber ausführlicher darüber verbreite, wie meine eigene Untersuchung sich nun zu der Ansicht Diltheys verhält — angedeutet wenigstens ist es ja auch jetzt schon —, möchte ich noch ein Paar für mich, und speziell mein Problem nicht

---

[1]) a. a. O. VI. S. 61 f.

so belangreiche Arbeiten, erwähnen. Mögen sie auch mir nicht belangreich erscheinen, ich meine: mit meiner Arbeit sich nirgends innerlich berühren, so erforderte doch die historische Gewissenhaftigkeit, ihrer Erwähnung zu thun, weil sie ja doch sich auch auf mein Problem beziehen, d. h. entweder wenigstens darauf hinweisen oder es sogar zum Gegenstande haben.

Einen solchen Hinweis sehe ich in Paulsens Aufsatz: „Kant, der Philosoph des Protestantismus".[1]) Man mag an dieser Formulierung Anstoss nehmen, wenn man glaubt, Paulsen habe in Kant dem heiligen Thomas einen konfessionellen Antipoden stellen wollen. Es ist gewiss, dass Kant diese Rolle ablehnen würde. Aber ebenso gewiss ist es, meiner Meinung nach, dass Paulsen diese Rolle dem Philosophen gar nicht anweisen will. Richtet sich doch seine philosophia militans gerade auch gegen die Übergriffe konfessioneller Beschränktheit, die die Wissenschaft unter das Joch der Partei zu zwängen sucht. Man mag ferner mit Troeltsch,[2]) dem ich selbst darin beistimme, die Konstruktion Paulsens für zu optimistisch halten und nur an eine kleine Gemeinde von Verschwörern für die Zukunft glauben, d. h. man mag die protestantische Kirche von Kant durch Kluften, ja Welten getrennt sehen, — die von Luther in die Welt geworfene protestantische Idee treibt hin zu Kant. (Freilich könnte einer dann, was Kant selbst betont, Protestant sein, ohne gerade zum Protestantismus als kirchlicher Anstalt zu gehören.) Wenn Luther auch nur beiläufig erwähnt wird, so geschieht dies, wenn auch nicht mit Diltheys Schärfe und Nachdruck, doch mit sehr richtigem Takt gerade da, wo Paulsen von der durch Kant vollzogenen autonomen Verselbständigung der Persönlichkeit (S. 10) und seiner Betonung des

---

[1]) Kantstudien IV. S. 1—31. Übrigens ist unter demselben Titel soeben eine Rede von Kaftan („gehalten bei der vom Berliner Zweigverein des evangelischen Bundes veranstalteten Gedächtnisfeier am 12. Februar 1904") erschienen, die für mein Thema allerdings gar nicht von Belang, auch überhaupt nicht von philosophischen Interesse ist.

[2]) Deutsche Litteraturzeitung 1900 No. II.

guten Willens (S. 11) spricht, die er auch als die protestantischen Prinzipien hinstellt. Auch rechnet Paulsen in dem Schema, das er von den überhaupt möglichen religiösen Standpunkten entwirft, Luther und Kant ausdrücklich gemeinsam unter die Kategorie des „Irrationalismus". (S. 5.) Man mag auch darüber streiten können, so ist doch auch das ein Hinweis auf das innere, geistesverwandtschaftliche Verhältnis Luthers zu Kants, ohne es zwar genauer zu präcisieren.[1])

Endlich muss ich noch einer Arbeit Erwähnung thun, obwohl sie für mich absolut belanglos ist. Nur scheint sie sich ihrem Titel nach sehr innig mit der meinigen zu berühren; ja sie stellt sich eigentlich dasselbe Problem, nur in geringerem Umfange. Und da ich trotzdem auf sie in meiner ganzen Abhandlung nicht eingehe, so dürfte es leicht scheinen, ich habe sie ignorieren wollen. In Wirklichkeit wollte ich nur in meiner Schrift nicht eine ständige Polemik gegen einen kurzen Vortrag anhäufen. Die wäre aber nötig gewesen, sobald ich mich überhaupt auf diese Arbeit eingelassen hätte, und das schien mir eben einem kurzen Vortrage gegenüber nicht angebracht. Ich halte es darum für besser, auch zu ihm schon hier meine Stellung kurz darzulegen:

Es handelt sich um den Vortrag von Titius: „Luthers Grundanschauung vom Sittlichen, verglichen mit der Kantischen",[2]) der zum Ziele den Nachweis haben soll, dass Luthers sittliche Grundanschauung mit der Kantischen „im Innersten" zusammenstimme.

---

[1]) Freilich kann ich mich leider eines Bedenkens nicht erwehren: Ich glaube nämlich, wenn Paulsen etwa das ganze Verhältnis Luthers zu Kant ausgeführt hätte, so würde er vom Standpunkt seiner Ethik aus der Bedeutung der Lutherschen Moral doch nicht leicht gerecht geworden sein. Denn Luther steht zu Paulsen in genau demselben Gegensatze, wie Kant, der gerade nach Paulsen in der Entwickelung der Ethik eigentlich nur eine grosse Störung bedeutet.

[2]) In den „Vorträgen der theologischen Konferenz zu Kiel". Heft I. S. 1—21. Bei Marquardsen. Kiel. 1899. Vgl. dazu Kantstudien, Bd. VI, S. 73—77: „Luther und Kant".

Man muss sich von vornherein gegenwärtig halten, sowohl dass wir es nur mit einem Vortrage zu thun haben, dessen Kürze schon ein tieferes Eingehen nicht ermöglichte, als auch dass Titius nicht die Grundanschauungen, sondern nur die Grundanschauung, was wohl soviel heissen soll als den obersten Grundsatz, und auch da nur die Grundanschauung vom Sittlichen bei Kant und Luther zum Gegenstande hat. Das Thema ist also von vornherein noch begrenzter als das unsrige. Man wird Titius also daraus keinen Vorwurf machen können, dass er auf das Verhältnis von Achtung und Nächstenliebe, von Freiheit und Selbständigkeit der Person zu der „Allwirksamkeit" (Luther) und „Allgenugsamkeit" (Kant) Gottes, von Person und Werk, Gesinnung und Erfolg, auf die Idee der Kirche etc. sich nicht einlässt, weil das schon alles eine Weiterentwickelung der „Grundanschauung" erfordert und vom Sittlichen aufs Religiöse geführt hätte.

Aber selbst in dem was Titius von der „Grundanschauung" sagt, stehe ich zu ihm in Widerspruch:

Wenn wir schon nicht erfahren, was das Sittengesetz Kants bedeutet, dessen Aufstellung Titius doch zu wiederholten Malen (S. 8, 9 u. a.) als das grosse Verdienst Kants anerkennt, so muss es um so mehr befremden, dass das Formale der Kantischen Ethik so hart angelassen wird (S. 21). Denn der so gescholtene „Formalismus" gehört analytisch zum Wesen des in seiner Bedeutung so anerkannten Sittengesetzes und zu Kants „Grundanschauung".

Noch weniger erfindlich ist es, wie Titius seine Behauptung: Luthers „Grundanschauung" stimme „im Innersten" mit der Kants zusammen, glaubt erhärten zu können, wenn er meint, bei Luther trete der Gedanke der „Autonomie" „fast vollständig zurück" (S. 14). Dass ich ebenso, wie Dilthey die weltbewegende That Luthers gerade in dem Hervorkehren dessen, was man seit Kant unter „Autonomie" versteht, sehe, davon will ich jetzt viel weniger reden, als davon, dass die Autonomie der Kern der sittlichen Grundanschauung Kants ist, und dass jeder, der Kant gelesen hat, weiss: für den Philosophen ist die Autonomie der Persönlichkeit geradezu die „objektive Darstellung des Sittengesetzes" und „oberstes Prinzip der Sittlichkeit". Und da muss ich doch fragen: Wie kann Kants Grundanschauung mit der Luthers zusammenstimmen, wenn bei Luther die Kantische Grundanschauung „fast vollständig zurücktritt", also so gut wie nicht vorhanden ist? Auch diesen Widerspruch hebt Titius nirgends auf und wohl zu allerletzt dadurch, dass er die Autonomie einmal geradezu mit der auf der Autonomie erst gegründeten Achtung, also die sittliche Spontaneität mit der sittlichen Gegenständlichkeit verwechselt. (S. 13.)

Auch was eigentlich Luthers sittliche Grundanschauung sei, tritt nirgends scharf und klar hervor. Darauf beruht es wohl auch, dass Titius gar nicht darauf verfällt, wie gerade das, was er als „Formalismus" an Kant getadelt hat, und was notwendig durch die von ihm selbst anerkannte Kantische Grundanschauung des Sittengesetzes bedingt ist, eine sehr naheliegende Parallele zu Luthers Gesinnungsglauben und der damit verbundenen Ablehnung der Werkgerechtigkeit (allerdings weist ja Titius auch auf diese nicht hin) bietet.

Ja, worin sieht denn dann Titius eigentlich die Übereinstimmung? wird man schon fragen. Ich habe mir aus der begrifflich recht unklaren Darstellung doch zum Schluss die drei Vergleichsgesichtspunkte klar gemacht. Erstens: es sei „ja nicht die allgemein menschliche Vernunft, sondern die christlich bestimmte Vernunft, deren Inhalt Kant bestimmt" (S. 18) und so liegt die Übereinstimmung mit Luther wohl im Christlichen. Dazu ist zu bemerken: Gewiss weiss sich Kant mit der Idee des Christentums einig, aber nicht weil sein Vernunftbegriff „christlich bestimmt" ist, sondern weil nach seiner Auffassung das Christentum ursprünglich durch seinen „erhabenen Stifter" moralisch, d. h. überhaupt vernünftig bestimmt ist. Und ich sehe die Grösse der Kantischen Ethik gerade in ihrer allgemeinen Anwendbarkeit und glaube: es bedeutet für Kants Überzeugung geradezu einen Schlag ins Gesicht, dass der Christ eine andere Vernunft haben sollte, als andere Menschen.

Zweitens: Es soll nach Titius „die Vernunft erst durch Offenbarung, d. h. im geschichtlichen Zusammenhange mit der Person Jesu Christi, wie Kunde, so auch Kraft" erhalten. (S. 19.) Das stimmt für Luther, aber nicht für Kant, der seine Achtung, wie seine Verehrung für Jesus und seine That ebensowenig im Zweifel gelassen hat, wie seine Meinung über den Wert der Offenbarung.

Drittens: In der Idee des höchsten Gutes und der Ablehnung des selbstsüchtigen Lohn- und Verdienstglaubens sollen Luther und Kant übereinstimmen. In dieser Erkenntnis stimme ich mit Titius selbst überein. Nur finde ich den Berührungspunkt zwischen Kant und Luther nicht aus der Tiefe, eben weil nicht aus der „Grundanschauung" erfasst. Allerdings lässt mich fast das hohe Lob, das Titius der Idee des höchsten Gutes spendet, vermuten, er sehe darin die „Grundanschauung" Kants und setze sie mit dem als hochbedeutsam anerkannten Moralgesetz in Eins. Er meint (S. 17) nämlich, in dieser Idee liege die „Grösse Kants und seiner sittlichen Anschauung". Nun ich meine: Wenn man es nicht selbst erkannt hat, so könnte einem doch die unwiderstehliche Kritik, die Schopenhauer und Kuno Fischer an diesem Begriff geübt haben, zeigen, dass darin gerade die Schwäche der Kantischen Ethik liege.

Wenn ich die Summe ziehe, so kann ich sagen: In zwei Stücken stimme ich Titius rückhaltlos bei: erstens darin, dass Luthers Grundanschauung mit der Kantischen zusammenstimme — meine ganze Arbeit ist auf diesen Nachweis gerichtet, wenn sie die Übereinstimmung auch nicht als restlos erweisen wird — und zweitens darin, dass Luther, wie Kant die Selbstsucht und das Verdienst der Lohndienerei aus der Moral verweisen — ich selbst handle davon eigens in einem besonderen Abschnitt.

Nur muss ich bekennen: ich finde bei Titius nirgends eine klare und begrifflich scharfe Darstellung der „Grundanschauung" Luthers und Kants, noch auch einen Beweis ihres Zusammenstimmens; da ich eben in der Idee des höchsten Gutes und in der Ablehnung von Glück und Verdienst noch nicht die wirkliche „Grundanschauung" selber sehe, sondern nur eine Folge davon. Wenn ich also nicht bloss auf die bisher aufgestellten Problemformeln, sondern auf die sachliche und wirkliche Klärung sehe, so muss ich wiederholen, was ich vorhin bereits sagte: Das Bedeutendste ist darin von Dilthey geleistet. So kurz er sich seiner Aufgabe gemäss auch äussern musste, so hat er aus der „Auffassung und Analyse des Menschen im 15. und 16. Jahrhundert" und aus dem „natürlichen System der Geisteswissenschaften im 17. Jahrhundert" doch mit unmissverständlicher Klarheit unter den herrschenden historischen Richtungen auch als lutherische Bestandteile herausgestellt: Die Zurücknahme des dogmatischen Glaubens in die individuelle Menschenseele und die damit verbundene, über das Paulinische Christentum weit hinausragende Verselbständigung der Person, wofür er geradezu den Begriff der Autonomie auf religiösem Gebiete setzt, ein Begriff, der auf Kant direkt hinweist, wie Dilthey ja den Philosophen seinerseits auch in die transscendentaltheologische Richtung einordnet.

Wenn wir nun unsere Stellung dazu präcisieren, müssen wir sagen: Wir gehen erstens einen Schritt hinter Dilthey zurück, denn wir gewinnen, was er richtig durch eine Analyse der historischen Zusammenhänge herausstellt, dadurch, dass wir nun die Glaubensidee Luthers selbst analysieren. Unsere Analyse ist also keine allgemein-historische, sondern eine monographische. Wir betrachten (Kap. I) die Glaubensidee Luthers. Und da zeigt sich, dass eine zweifache Betrachtung notwendig wird, um die Idee moral- und religions-philosophisch würdigen zu können. Wir stellen die inhaltliche (§ 1) und die formal-praktische Seite (§ 2) der Lutherischen Glaubensidee dar, um dann zu sehen, wie beide sich zu einander verhalten (§ 3). Der Glaube nach der einen Seite ist der dogmatische Glaube, auf der anderen ist er Glaubensprinzip. In dieser Weise gehen wir über Dilthey zurück, indem wir als Resultat der Glaubensanalyse, in dem Verhältnis von inhaltlichem Glauben und Glaubensprinzip eigentlich das erkennen, was Dilthey die Übertragung der Autonomie auf das religiöse Gebiet nennt. Nun gehen wir aber gleich weiter und über Dilthey hinaus, indem wir das Resultat nach allen Seiten in seine Folgen entwickeln.

Was nämlich für Luther Glaubensprinzip ist, das ist für ihn auch Prinzip der sittlich-religiösen Bethätigung des Menschen, seines Wirkens im Kreise seines Daseins, und so stellen wir (Kap. II) den Glauben und die Werke einander gegenüber. Um nun auch hier das prinzipiell Neue mit voller Klarheit hervortreten zu lassen, gehen wir von dem historischen Kontrast aus. Das heisst: Wir gehen (§ 4) von einem Blick auf die geschichtliche Lage des Begriffs vom „guten Werk" aus, sehen dann (§ 5), welche begrifflichen Unterscheidungen man überhaupt logisch machen muss, um den mannigfachen Sinn dieses Begriffs zu verstehen, untersuchen dann (§ 6), inwieweit Luther faktisch diese Unterscheidung macht, indem er den Sinn, in dem er das Wort braucht, den anderen Bedeutungen gegenüberhält; verdeutlichen uns (§ 7) daran den Gegensatz des Alten und Neuen, um nun (§ 8) das eigentlich Neue vollkommen für sich abzusondern. Und hier springt die ganze Bedeutsamkeit noch einmal mit augenscheinlicher Gewalt hervor.

Nachdem wir so das Glaubensprinzip für den Einzelnen haben zum sittlich-religiösen Bethätigungsprinzip werden sehen, untersuchen wir, wie nach Luther sich dieses Prinzip auswirken muss, gegen wen es der Einzelne zu bethätigen hat. Wir fragen also nach dem Verhältnis der Persönlichkeit zur sittlich-religiösen Gemeinschaft (Kap. III), der gegenüber des Einzelnen Glaube That werden soll. Zu dem Zweck ist aber erst die — zu der kritischen Betrachtung von Glaube und Werk überhaupt analoge — sozusagen genetische[1]) Frage zu erledigen, wie

---

[1]) Im religiös-metaphysischen Sinne.

Luther sich im Einzelnen das Verhältnis von Thäter und That denkt (§ 9), um die unendliche Fülle der sittlich-religiösen Bethätigungsmöglichkeit im Leben zu verstehen (§ 10), in dem der Einzelne zum Nächsten in Beziehung tritt (§ 11), um mit ihm eine sittlich-religiöse Gemeinschaft zu bilden (§ 12).

In dieser Weise stellen sich uns Luthers sittlich-religiöse Ideen dar, in denen wir eine Parallele zu denen Kants gewinnen wollen. Ehe wir aber zu dieser Parallele selbst gelangen, müssen wir uns im zweiten Teile dieser Arbeit über die Prinzipien der Ethik und Religionsphilosophie Kants selbst orientieren.

Wir betrachten nach einem kurzen Rückblick (§ 13) zuerst das Moralprinzip Kants (Kap. IV), sehen erstens zu (§ 14), wie es nach Kant nicht bestimmt werden darf, und zweitens (§ 15), wie es allein bestimmt werden kann und bestimmt werden soll. Um nun seine Realisierung begrifflich zu ermöglichen, führt uns Kant zu den sogenannten Postulaten der reinen praktischen Vernunft und der Idee des höchsten Gutes (§ 16) sowie zu der Idee der Intelligibilität der Persönlichkeit (§ 17), von der er weiter auf die Idee der Achtung vor der Person (§ 18) gelangt.

Wir sind aber damit bereits unvermittelt schon in religionsphilosophische Probleme gelangt, die wir im Grundriss erst in Kap. V behandeln. Hier stellen wir Kants Religionsprinzip selber fest (§ 19) und fragen dann nach den Mitteln, die von diesem Prinzip gestellte Aufgabe zu verwirklichen (§ 20).

Nun erst kommen wir zur Parallele zwischen Luther und Kant (Kap. VI). Wir stellen zuerst den bedeutsamsten Unterschied heraus, der einerseits in dem Gegensatz vom Dogmatismus Luthers und Vernunftglauben Kants liegt (§ 21) und andererseits in ihrer Methode (§ 22).

Der letzte Gegensatz ist bereits ein beschränkter, denn von ihm aus führt gerade von Luther schon die Brücke zu Kant (§ 23). Nun ziehen wir die Parallele Schlag auf Schlag. Wir sehen die Übereinstimmung (§ 24) zuerst in den Prinzipien, oder, wenn man will, in den Grundanschauungen (Verinnerlichung und

Autonomie); verfolgen diese in ihre Konsequenzen, wo uns nun die Ablehnung von Glück und Verdienst (als ethisch-wertlos) begegnet (§ 25); und in der Weiterentwickelung der Grundanschauungen gelangen wir sogar auf eine religions-metaphysische Übereinstimmung (§ 26) mit Rücksicht auf die Freiheitslehre beider, woraus wieder eine Analogie der Begriffe von Achtung und Nächstenliebe folgt (§ 27); und mit der Idee der Kirche schliessen wir unsere eigentliche Untersuchung ab (§ 28).

Eine kurze Betrachtung, die von den Gedanken Kants über die historische Verwirklichung seines Ideales handelt, bildet das Ende der ganzen Arbeit.

I. Teil.
Die sittlich-religiösen Anschauungen Luthers.

Kapitel I.
Die Idee des Glaubens bei Luther.

Der Begriff des Glaubens ist eine religiöse Idee und zwar ursprünglich eine rein-dogmatisch-religiöse Idee. Er fasst nicht den Glauben an und für sich, sondern involviert immer die Relation eines Glaubensinhaltes oder Glaubensgegenstandes, eines Etwas, an das geglaubt wird. Dieser Inhalt ist zugleich immer das Charakteristische, das unterscheidende Kriterium der Glaubensanhängerschaft oder Glaubensgemeinschaft. Auf ihm beruht die Unterscheidung der „Gläubigen" von allen ihrem Glaubensinhalte nicht Anhangenden und wenigstens meistenteils deren Charakterisierung als „Ungläubiger"; darauf schliesslich weiter die in jeder Glaubensgemeinschaft herrschende, einer gewissen Konsequenz sicher nicht ermangelnde Vorstellung der alleinseligmachenden Kraft gerade ihres Glaubens. Eine Vorstellung, die keineswegs etwa für die römische Kirche allein bezeichnend ist, wenn sie auch von ihr am schärfsten und unduldsamsten ausgeprägt worden ist. Im übrigen aber ist sie ein gemeinsames Merkmal der Glaubensgemeinschaft überhaupt, sobald sie ein offizielles Kirchentum darstellt, sodass, was Kant einmal über den offiziell kirchlichen Protestantismus und die „katholischen Protestanten" sagt, auch heute noch zu Recht besteht.

Wohl scheint, auch nach Kant, das Christentum berufen zu sein, dieses Kirchentum zu überwinden. Allein von diesem erhabenen Ziele war es durch seine historische Gestaltung selbst abgeführt worden und hatte von ihm den weitesten Abstand erreicht

— die Christenheit hatte sich am weitesten von der Idee des Christentums entfernt —, gerade in jenem Moment, in dem die gewaltige Persönlichkeit in die geschichtliche Entwickelung eingreift, ohne welche diese, in sittlicher und religiöser Rücksicht, nicht zu verstehen sein würde, Luther. Er musste also selbst bis zu einem gewissen Grade die dogmatische Leere und Starrheit brechen, um einem lebensvollen Glauben die Wege zu bahnen. Zwar überwand er jene nicht ganz, seine grosse That musste noch lange, lange ihrer Vollendung harren und muss in ihrer letzten Konsequenz auch heute noch ihrer Vollendung harren; aber er brachte doch ein neues Evangelium des Glaubens. Das Unabgeschlossene dieser seiner Mission, die zur Vollendung die kommenden Geschlechter weitergetrieben, und noch weitertreibt und weitertreiben wird, das liegt in nichts Anderem, als in seiner Glaubensidee. Er gab der Idee des Glaubens zu dem alten einen neuen Inhalt. Aber er gab diesen eben zu dem alten. Das heisst: er blieb auch befangen, durchaus befangen in dem historischen Dogmengehalte seiner Zeit. Und wohl über keinen grossen Menschen hatte die historische Kontinuität solche Macht, wie gerade über ihn. Doch es war kein Unglück, da ja auch die Geschichte ebenso wenig Sprünge machen kann, wie die Natur. Er rief zur Freiheit auf und brachte Freiheit, aber er legte sie der Menschheit weder in den Schoss, noch brachte er sie ihr ganz. Und darin liegt vielleicht gerade die Grossartigkeit seiner Gabe. Er hinterliess der Menschheit ein Erbe, aber ein Erbe, das sie täglich und stündlich erobern muss, um es zu besitzen und in reicherem Masse, als er es selbst besessen hat.

§ 1.
Der inhaltliche Glaube.

Wer eine vergleichende Gegenüberstellung zweier sowohl durch die rein äussere Zeitdistanz der Geschichte als auch durch den allgemein bekannten Gegensatz ihrer Anschauungen getrennten Geister wahrnimmt, der kann sich, wenn nun gerade durch diese

Gegenüberstellung auch eine Übereinstimmung der Anschauungen nachgewiesen werden soll, zumeist des Argwohns nicht erwehren, dass eben diesen Anschauungen Gewalt angethan werde, um sie mit einander in Einstimmung zu bringen. Man übersieht eben dann leicht, in eigenem Vorurteil, über dem allgemein bekannten Gegensätzlichen das weniger bekannte Zusammenstimmende. Man denkt nicht daran, dass so sehr im grossen Ganzen die Weltanschauungen aus einander liegen, doch im Einzelnen zum mindesten Berührungspunkte stattfinden können, ja man ist sich dessen nicht bewusst, dass selbst ein grosser Abstand im Einzelnen möglicherweise von hochbedeutsamen Berührungspunkten geradezu bedingt sein kann. Denn der grosse Fortschritt, der den Abstand ausdrückt, ist möglicherweise nichts anderes als eine konsequente Entwickelung des Gemeinsamen und Übereinstimmenden.

Um also erst gar nicht den Schein aufkommen zu lassen, als zwängten wir Luthers Glaubensidee in ein Konstruktionsschema, um sie für Kants Anschauungen gleichsam zu präformieren, wollen wir sie erst nach einer Richtung hin betrachten, nach der sie mit ihnen nicht nur nichts gemeinsam hat, sondern ihnen eigentlich stracks entgegen ist; nach einer Richtung hin, nach der Luther durchaus stehen geblieben ist auf dem dogmatisch-, heute würden wir sagen: konfessionell-beschränkten Standpunkte der alleinseligmachenden Kirche, trotzdem er diesen in anderer Hinsicht überwinden helfen, ja seine Überwindung selber anbahnen sollte. Wir meinen eben jenen schon erwähnten naiven kirchlichen Standpunkt, der in der Relation des Glaubens zu dem woran man glaubt, also zum Glaubensinhalte, liegt, und der in der Starrheit des Dogmenbekennens zum Ausdruck kommt; kurz, modern gesprochen, den Standpunkt des Dogmatismus und Orthodoxismus. Das wollen wir hier also, um nicht Luthers Verdienste in irgend einer Beziehung scheinbar zu überschätzen, mit allem Nachdruck betonen, dass er seinem Glaubensinhalt nach durchaus orthodox-dogmatisch-gläubig war, vom Standpunkte unserer Weltanschauung aus betrachtet, also sozusagen rückständig, immer noch mittelalterlich dachte. Luthers Glaube ist seinem Inhalte nach durchaus der dogmatische Kirchenglaube der Christenheit, wie ihn etwa D. Fr. Strauss als im Wesen des Christentums durchaus analytisch enthalten ansieht, um, weil wir heute diesen Dogmenglauben nicht mehr haben, beweisen zu können, dass wir „keine Christen mehr" sind.[1]) Ein Glaube, der nach dieser petitio principii von Strauss und aller derer, die etwa die moderne Theologie als „Pseudochristentum" verdächtigen, zwar „christlich" ist, der aber natürlich nicht Kants Glaube war. Dagegen ganz im Sinne dieses kindlichen Dogmenglaubens gilt Luther die „Bibel", das „heilige Evangelium", das „Gotteswort" als das Fundament all seines Denkens, all seiner Überzeugung. Es ist darum nicht einen Augenblick zu bestreiten, oder auch nur zu bezweifeln, dass Luther in der seiner Überzeugung gemäss zwar von Menschen geschriebenen, aber in ihrem Inhalte von Gott selbst gegebenen und eingegebenen Schrift die Basis seiner Weltanschauung hatte. Wir sagen: Weltanschauung und nehmen dabei das Wort in möglichst weitem Verstande, sowohl in theoretischer, wie in praktischer Bedeutung.

Sein theoretisches Weltbild, sofern man bei ihm überhaupt davon reden darf, unterscheidet sich wohl in Nichts von dem, welches die Bibel entwirft. Wir geben das ohne weiteres zu, und zwar um so eher, als ein gänzlicher Mangel theoretisch-philosophischer Erkenntnis, ja sogar an blossem Verständnis, Interesse und Neigung dazu, sich in Luthers durchaus aufs Praktische gerichteten Wesen nicht verkennen lässt. Vielmehr tritt seine Abneigung dagegen und sicher auch ein gewisser Mangel an Bildung selbst für seine Zeit offen zu Tage. Es ist ihm voller Ernst damit, wenn er sagt: „Cicero übertrifft Aristotelem weit in Philosophie und Lehren."[2]) Der Wissenschaft hätte Luther sicherlich

---

[1]) Vergl. Strauss: Der alte und der neue Glaube. S. 8—62. (Bonn 1895.)

[2]) Tischgespräche: Erlanger Ausgabe LXIII. S. 341. Wir zitieren im folgenden immer nach der Erlanger Ausgabe. Nur die Schrift „De

keinerlei Einfluss auf den Inhalt seiner nach den christlichen Dogmen sich richtenden Weltansicht gestattet, um sie irgendwie zu modifizieren, selbst wenn ihm an der Geschlossenheit und Widerspruchslosigkeit einer Weltanschauung überhaupt mehr gelegen gewesen wäre, als ihm in Wirklichkeit daran gelegen war, und wenn ihm überhaupt je der Gedanke an eine Umgestaltungsbedürftigkeit und Verbesserungsnotwendigkeit der biblischen jüdischchristlichen Anschauungsweise in theoretischer Beziehung gekommen wäre. Aber er dachte erst gar nicht daran. Nicht bloss galt ihm Aristoteles überhaupt als „Ungeheuer", „Lügner und Bube", als der „elende Mensch", der „verdammte, hochmutige Heide", im Vergleich zu dem „ein Töpfer mehr Kunst hat von natürlichen Dingen, denn in denen Büchern steht",[1]) sondern er verabscheute ihn vor allem deswegen, weil die „Schrift" und Aristoteles doch nicht einerlei Lehre waren, sich nicht zu der Deckung bringen liessen, welche die Scholastiker durch allerlei Kniffe des Vertuschens und Spintisierens versuchten. Luther sagte kurz und bündig: „Der heilige Geist ist grösser, wie Aristoteles,"[2]) oder: wir werden „in der heiligen Schrift überreichlich belehrt, von allen Dingen, davon Aristoteles nicht den kleinsten Geruch je empfunden hat."[3]) Das bedeutet aber für Luther nichts Anderes, als: nicht bloss Aristoteles, sondern die ganze philosophische Wissenschaft — beide wurden ja zu seiner Zeit und nun auch von ihm selbst identifiziert —, ist gar nichts, ist wertlos; nicht sie hat unsere Anschauung zu bestimmen, sondern das allein kann und darf die Schrift. Die einzige heilsame Wissenschaft wäre über-

captivitate Babylonica wird nach Kaweraus Übersetzung (Volksausgabe I. Bd.) zitiert.

[1]) Sendschreiben an den christlichen Adel deutscher Nation: Von des christlichen Standes Besserung. XXI. S. 345. Dazu liessen sich auch noch viele Belege aus anderen Schriften erbringen, z. B. „über die babyl. Gefangenschaft", Schreiben und Erwiderung „auf des Bocks zu Leipzig Antwort" (XXVII) etc.
[2]) Von der Babylonischen Gefangenschaft der Kirche. S. 402.
[3]) Sendschreiben an den christlichen Adel. S. 345.

haupt die Kenntnis der heiligen Schrift. Alle andere Wissenschaft ist verderblich, schädlich und gefährlich. Ausdrücklich sagt er: „Die hohen Schulen sind grosse Pforten der Hölle, so sie nicht emsiglich die heilige Schrift üben und treiben ins junge Volk."[1]) Auch hätte Luther sich mit der Vorstellung des Teufels nicht so viel zu schaffen machen müssen, wie er es in Wirklichkeit that, damit man nicht überzeugt wäre, dass seine Weltansicht mit der mythisch-biblischen übereinstimmte. Er hätte nicht mit solcher Energie, wie er es that, die Gottheit der Persönlichkeit Jesu in den Mittelpunkt seiner ganzen Denkart rücken dürfen, sollten wir seine christliche Dogmengläubigkeit auch nur einen Augenblick in Frage ziehen können.

---

[1]) a. a. O. S. 351. Wenn Luther im Gegensatz dazu an anderen Stellen, wie namentlich auch in seinem Sermon an die Ratsherrn, auf humanistische, ja sogar aristotelische Studien dringt, so thut er es notgedrungen, unter Melanchthons Einfluss, um für die neue Glaubensorganisation eine einigermassen philosophische Begründung zu haben. Aber sie mussten doch immer der heiligen Schrift angepasst werden und sich manche Korrektur gefallen lassen. Es kommt für Luther in Rücksicht auf die „Künste und Sprachen" immer nur darauf an, dass sie lehren „die heilige Schrift zu verstehen und weltlich Regiment zu führen," er sieht dabei ängstlich darauf, dass sie auch „ohne Schaden" sind, und betont, „lasst uns gesagt sein, dass wir das Evangelium nicht wohl werden erhalten ohne die Sprachen." Die Wissenschaft um ihrerselbstwillen, namentlich die Philosophie, die sich selbständig eine Weltanschauung gründen will, ist ihm auch hier nur „des Teufels Dreck".

Der „heiligen Schrift und guten Büchern" wird ausdrücklich wieder „Aristoteles mit unzähligen schädlichen Büchern, die uns nur immer weiter von der Bibel führten", entgegengestellt; und wenn er bei „Poeten und Oratores" nicht darauf sieht, „ob sie Heiden oder Christen wären, griechisch oder lateinisch", so will das nichts besagen, er hält sich nur an sie, „weil man aus solchen Büchern die Grammatik lernen muss". Die Philosophie findet in seiner „Librarei" prinzipiell keinen Platz. (Vgl. dazu die vorzügliche Lutherbiographie von Lenz: Martin Luther, Festschrift der Stadt Berlin zum 10. November 1883. Von Dr. Max Lenz, Professor der Geschichte an der Universität Berlin. Gärtners Verlagsbuchhandlung, Berlin 1897. III. Aufl., besonders S. 179 und 180.)

Nicht minder unzweifelhaft ist es, dass für Luther die Schrift ebenso wie die Inhalte der theoretischen Weltanschauung als Wahrheitsinhalte von Sein und Geschehen auch die Inhalte der praktischen Lebensanschauung, die Inhalte des Sollens und der Pflicht lieferte. Und wenn wir hier auch den Nachdruck nicht auf den Begriff praktisch, sondern auf die Inhalte legen müssen, so dürfen wir doch auch sagen: diese Inhalte lieferte die Schrift zunächst ausschliesslich. Mag er auch dieser Ansicht selbst allen Boden entzogen haben — wir werden das selbst noch sehen — er hat ihr doch gehuldigt. „Nicht ketzerische und unchristliche Gesetze" können unser Thun bestimmen. „Wo das wäre, wozu wäre die heilige Schrift not oder nutze?" Die bindende Normbestimmung der Schrift als des Inbegriffs sittlicher Inhalte, der Anweisung unserer einzelnen Pflichten, der Richtschnur für's praktische Leben ist für Luther so selbstverständlich, die inhaltliche Abgeschlossenheit und Vollkommenheit so klar, dass es irgend welcher Gesetze ausser ihr für's Handeln nicht bedarf.[1])

Wenn es also zum Wesen des Christentums, wie Strauss meint,[2]) gehören sollte, dass der Christ sage: „Wissenschaft hin, Wissenschaft her, so steht es einmal in der Bibel, und die Bibel ist Gottes Wort," dass er die Person Jesu von Nazareth als Gottheit glaube, die Schrift „als Richtschnur für Glauben und Leben ansehe"; kurz, selbst dann, wenn das, was man heute Dogmatismus und Orthodoxismus nennt, wirklich im Wesen des Christentums unabtrennlich liegen sollte, also auch nach Strauss wäre Luther ein Christ gewesen. Ein Christ in durchaus dogmatischem Sinne des Wortes. Er hat das Dogma mit der Betonung des Schriftglaubens nicht überwunden; er hat es sogar eben dadurch erneuert. Man wird nicht glauben dürfen, dass es zuviel gesagt sei, wenn Harnack ihn den „Restaurator des alten Dog-

---

[1]) a. a. O. S. 286.
[2]) Strauss a. a. O. S. 11 f.

mas" nennt.[1]) Ja, er geht in diesem Dogmatismus so weit, dass er jede Behauptung, wie jede Widerlegung aus der Schrift nehmen zu sollen glaubt. Nicht bloss gilt ihm in dieser „ein Spruch mehr als alle Bücher der Welt",[2]) sie gilt ihm als der Begriff der Wahrheit überhaupt in theoretischer, wie in praktischer Beziehung. „Du musst dich gründen auf einen hellen, klaren, starken Spruch der Schrift, dadurch du dann bestehen magst, denn wenn du einen solchen Spruch nicht hast, so ists nicht möglich, dass du bestehen könntest."[3])

Wenn wir diese Auffassung Luthers kennen lernen, überkommt uns Neueren unwillkürlich eine Art schmerzlicher Befremdung. Wir fühlen uns abgestossen, wie von dem starren, kalten, toten Gesetzesglauben der Juden, der der Persönlichkeit alles Leben und dem Leben allen Sinn zu nehmen droht. Vernunft und vernünftiges Wollen scheint ausgeschaltet durch die Beschränktheit des dogmatischen Glaubens, und wir fragen: Ist das der Luther, von dessen Erscheinen wir in der Geschichte eine neue Zeitepoche datieren?

So haben wir uns kurz über den Inhalt von Luthers Glaubensidee orientiert und gesehen, dass der grosse Reformator in der That nichts Anderes dazu hat, als was, wie wir vorhin sagten, Kriterium einer Glaubensgemeinschaft im kirchlichen Sinne des Wortes ist, in unserem Falle der christlich-kirchlichen Glaubensgemeinschaft: der dogmatische Glaube und die Überzeugung seiner alleinseligmachenden Kraft. Das „Wort Gottes" sieht er als für

---

[1]) Harnack a. a. O. III. Bd. S. 731 betont ganz besonders auch die Verlebendigung des Dogmas von der Gottheit Christi: „Es hat," sagt er (ebenda), „keinen Theologen nach Athanasius gegeben, der die Lehre von der Gottheit Christi für den Glauben so lebendig gemacht hat, wie Luther."

[2]) An die Herren deutschen Ordens, dass sie falsche Keuschheit meiden und zur echten ehelichen Keuschheit greifen, Ermahnung. XXIX. S. 21.

[3]) Dritte Fastenpredigt vom Jahre 1523. XXVIII. S. 223, vgl. auch die erste Fastenpredigt XXVIII. S. 206.

alle bindend an und ausser der durch dieses Wort begründeten Kirche giebt es auch für ihn keine „Seligkeit".[1]) Dadurch wird zur Genüge klar geworden sein, dass wir uns des ganzen Lutherischen Dogmatismus bewusst bleiben, dass wir weit davon entfernt sind, seine Anschauungen mit denen Kants nach jeder Richtung hin in Übereinstimmung bringen zu wollen, oder sie gar mit ihnen zu identifizieren. Vielmehr denken wir hier rücksichtlich des Dogmatismus Luthers genau, wie Harnack, der da sagt:[2]) „Er stand nicht im Bunde mit hellen Geistern, welche die Theologie berichtigen und damit eine zutreffende Erkenntnis der Welt und ihrer Ursachen heraufführen wollten. In ihm lebte überhaupt nicht der unwiderstehliche Drang des Denkers, der nach theoretischer Klarheit strebt, ja er hatte einen instinktiven Widerwillen und ein eingeborenes Misstrauen gegen jeden Geist, der lediglich von der Erkenntnis geleitet, Irrtümer kühn berichtigt. Wer auch hier für den ‚ganzen Luther' heute meint eintreten zu können, der kennt ihn entweder nicht, oder setzt sich selber dem Verdachte aus, dass ihm die Wahrheit der Erkenntnis eine geringfügige Sache ist." Und doch wird man auch weiter mit Harnack sagen können: „Luther hat uns für diesen Ausfall nicht nur dadurch entschädigt, dass er religiöser Reformator war, sondern auch durch den unerschöpflichen Reichtum seiner Persönlichkeit. Welch eine Fülle umschloss diese Persönlichkeit." Aus dieser ihrer Fülle trieb Luthers Persönlichkeit auch das hervor, was nicht bloss theologische und kirchliche, sondern allgemeine Bedeutung gehabt hat, so eng es mit dem reformatorischen Prinzip, der reformatorischen Kraft Luthers verknüpft, ja mit ihr eines und dasselbe ist, nur von anderer Seite gesehen; und diese allgemeine Bedeutung wird es auch behaupten. Eben darin werden wir auch Berührungspunkte und zwar tiefliegende Berührungspunkte mit Kant antreffen, ohne etwa des einen Anschauungen mit denen des anderen gleichzusetzen.

---

[1]) Kirchenpostille X. S. 162, vgl. Harnack a. a. O. III. S. 745.
[2]) Harnack a. a. O. III. S. 732 f.

§ 2.
Der formal-praktische Glaube.

In Rücksicht auf den Inhalt des Lutherschen Glaubens können wir also nichts eigentlich Neues, keine eigentliche Neuschöpfung gegenüber der alten Kirche feststellen. Selbst der Umstand, dass er die Persönlichkeit Jesu als Gottheit glaubte und ihre Erlöserkraft im Kreuzestode in den Mittelpunkt des religiösen Interesses stellte, das wäre nichts prinzipiell Neues im Verhältnis zum alten Dogmatismus, für den ja Jesus auch Gottsohn und wahrhaftiger Gott gewesen und sein Tod die condicio sine qua non der Erlösung aus den Ketten der Sünde und des Verderbens bedeutet hatte. Luther selbst war zwar der Überzeugung, und zwar oft, wenn auch nicht immer, der richtigen Überzeugung, dass in der alten Kirche auch aller inhaltlicher, dogmatischer Glaube verloren gegangen sei. Vom „Papst und den Seinigen", oder wie er lieber will, vom „Antichrist und seiner Rotte" sagt er: „Denn weil sie des Glaubens sind, dass kein Gott, keine Hölle, kein Leben nach diesem Leben sei, sondern leben und sterben, wie eine Kuhe, Sau und ander Vieh, 2. Petr. 2, 12, so ists ihnen gar lächerlich, dass sie sollten Siegel und Briefe oder eine Reformation halten."[1]) Und dem gegenüber will er in der That nur das Dogma, wie es die „Schrift" für ihn bietet, mit besonderem Nachdruck hervorkehren. Man mag ihn darum, wie Harnack, mit Recht, als den „Restaurator des alten Dogmas" ansehen; hätte er aber nur auf die Erneuerung des dogmatischen Schriftglaubens gedrungen, und wäre seine Wirksamkeit damit beschlossen, wie D. Fr. Strauss[2]) meint, so würden wir ihm heute geringen Dank wissen, und was weit mehr ist, seine historische Bedeusamkeit würde absolut unverständlich sein. Dass Luther am Kulte manches, ja vieles ver-

---

[1]) Wider das Papsttum zu Rom vom Teufel gestiftet. XXVI. S. 126 f. In dieser Schrift kehrt er eigentlich gerade den dogmatischen Standpunkt wider die „Papisten" hervor.
[2]) a. a. O. S. 21.

einfacht und abgeschafft hat, könnte man als etwas Neues ansehen wollen. Aber man würde doch sehr irren, wollte man dem an und für sich etwelche historische Bedeutung beimessen, wenn eben diese Abschaffung nicht ihren Grund in höheren Prinzipien hätte. Damit eine Persönlichkeit überhaupt geschichtlich bedeutsam werde, das Kulturgeschick der Menschheit in grossartiger Weise bestimme und ihm Richtung gebe, dafür ist es nicht mit Verneinen und Abschaffen genug; und insbesondere ist es damit nicht genug für die Geschichte der Religion. Nur verneinende, wenn auch schwärmerische Geister hinterlassen keine Spur von ihren Erdentagen auf dem Schicksalswege der Geschlechter. Oder sehen wir heute noch Bildersturm und Bilderwut auf die Geschichte grossartig weiterwirkenden Einfluss ausüben, den der Historiker auch nur des Fixierens für wert hielte? Nein! zur geschichtlichen Bedeutsamkeit gehört mehr: ein Ausserordentliches, Exemplarisches. Und dies ist immer etwas Positives, eine eigenartig neue Schöpfung. Nicht destruktiv, sondern konstruktiv, nicht bloss zerstörend, sondern schaffend muss das Wirken einer Persönlichkeit sein, die für die Geschichte Wert und Bedeutung haben soll. Und erst aus dem, was sie positiv schafft, was sie der Menschheit Neues bringt, müssen wir verstehen können, warum sie alte überlebte Seinsformen aufzuheben trachten muss. Der eminenten Wirksamkeit Luthers muss darum auch ein in der That neues, in der Geschichte der Menschheit einzigartiges Moment entsprechen, aus dem heraus wir auch verstehen, wie er manches vereinfachen und abschaffen konnte, was ihm bedeutungslos und unwesentlich, ja verderblich erschien, ohne dass wir darum diese Abschaffung an sich selbst für etwas Historisch-Wesentliches halten dürften. Es fragt sich nur: Was ist das Historisch-Bedeutsame an Luther? Das Neue, das er bringt, schliesst sich unmittelbar an das Alte an, das er überkommt, so verschieden es auch von ihm ist. Es schliesst sich an die Hauptdogmen an, welche die junge Kirche — in ihrem ursprünglich fast überkonfessionellen Drange, den sie von der Mystik empfangen, sich selbst hemmend, — später um so eifriger festhalten musste, je mehr sie in ihrem Bestande von der alten gefährdet ward. Aber Luther selbst hatte es schon mit der ganzen Kraft seiner im Innersten dogmatisch angelegten Natur festgehalten. Und doch gab er seiner Glaubensidee zu dem alten einen neuen Inhalt, einen ganz anderen Inhalt, als ihn der alte Glaube gehabt, und wie er in dessen Wesen nicht analytisch liegt.

Ein Inhalt im bisherigen Sinne ist das allerdings nicht. Es ist sozusagen kein materialer, inhaltlicher Inhalt, der Dogmen und inhaltliche Lebenssatzungen betrifft, sondern ein formaler Glaube, ein Glaubensprinzip.

Man hat seine historische Bedeutung von jeher in der Betonung der allein-rechtfertigenden Kraft des Glaubens gesehen. Wir könnten nichts dagegen haben, wenn man sich nur immer bewusst wäre, dass damit seine Bedeutung nicht erschöpft ist, dass seine reformatorische Kraft zwar in dieser Betonung ihren Angriffspunkt findet, aber von hier aus unendlich weitergreift. Und selbst in der Betonung des alleinrechtfertigenden Glaubens liegt eine neue Wendung, auf die man nicht immer Rücksicht nimmt. Nur mit dieser haben wir uns, solange wir seine Glaubensidee an und für sich betrachten, zu beschäftigen, noch nicht aber damit, wieweit diese Wendung hochbedeutsame Folgen nach sich führt. Bleiben wir also zunächst bei der Frage nach der alleinrechtfertigenden Kraft des Glaubens stehen, und sehen wir zu, wie Luther sie versteht. Gewöhnlich glaubt man diesen Begriff damit zu erschöpfen, dass man sagt, Luther habe gelehrt: der Mensch vermöge durch eigene gute Werke nichts, sondern in ihm wirke allein der Glaube alles, und zwar der Glaube an die Erlösungsthat Christi: diese gebe ihm, indem er fest daran glaube, auch die Rechtfertigung, zu der er selber nichts hinzuthun könne. Diese Auffassung von der Lutherischen Glaubensidee ist richtig und unrichtig zugleich. Das heisst: sie ist nicht erschöpfend, sie ist zu eng. Gewiss war das Erlösungsbedürfnis in Luther besonders lebendig und für seine Religiosität und seinen Glauben bestimmend. Aus eigener Kraft, das war allerdings seine Überzeugung, kann der Mensch des Sündenelends nicht ledig werden, darum bedarf er jener Erlösungsthat. Und auch dieser kann er aus eigener Kraft — das ist ebenfalls ganz richtig im Sinne Luthers gedeutet — nichts hinzuthun. Insoweit hat die erwähnte Deutung des Begriffs vom alleinrechtfertigenden Glauben bei Luther Recht. Wenn sie damit aber dessen Wesen erschöpft zu haben meint, ist sie im Unrecht. Denn erstens liegt in der Betonung des passiven „Nichts-Hinzu-Thun-Könnens" wiederum nichts eigentlich Neues, es ist im Begriff der „Erlösung" analytisch enthalten. Was sollte denn der Mensch dieser hinzuthun können, wenn er ihrer als Wirkung der göttlichen Erlösungsthat teilhaftig wird, er also keiner Eigenerlösung mehr bedarf? Mag Luther darum auch das Erlösungsdogma besonders und viel schärfer betont haben, wie es vor ihm geschah, so könnte man darin, wenigstens im Prinzip nichts Neues, nichts Historisch-Einzigartiges sehen, das die Grösse seiner Wirksamkeit und seine Bedeutung auch für uns Neueren erklärt; es wäre eben nur eine neue, besonders scharfe Betonung des alten Dogmas. Zweitens: Luthers Ansicht lediglich so gefasst, liesse sich viel weniger als Behauptung des alleinrechtfertigenden Glaubens, denn als solche der alleinrechtfertigenden Erlösung verstehen, wie auch vorher alle, die gerade auf die That Jesu ihr religiöses Interesse koncentrierten, trotz der Übereinstimmung im Wort (sola fide) mit Luther, in Wirklichkeit das Verhältnis fassten. In der Art aber, wie Luther den Glauben betont, liegt eine Wendung zur sittlichen Aktivität, unbeschadet der religiösen Passivität des „Nichts-Hinzuthun-Könnens". Zu diesem passiven Moment tritt für Luther ein subjektives aktives, die Glaubensthat der Persönlichkeit tritt in den Vordergrund der sittlich-religiösen Wertsetzung. Von jedem gilt: „Da steht jeder Einzelne für sich allein, sein Glaube wird verlangt." [1]) Und das ist das absolut Neue und Einzigartige in

---

[1]) Von der Babyl. Gefangenschaft der Kirche. S. 414.

Luthers Wirken: die Verinnerlichung des Glaubens durch die thatvoll-lebendige sittliche Gesinnung.[1])

Zuerst soll der theoretisch-externalisierte inhaltliche Glaube zurückgenommen werden in das menschliche Herz, er soll verinnerlicht werden, indem der Mensch nicht bloss ihm nachlebt und in ihm lebt, sondern **ihn lebt**. Nur diese Verinnerlichung giebt jenem Glaubensinhalt, der an sich nichts Anderes ist, als eine theoretische Funktion, Wert, weil er dadurch erst zum erlebten, religiösen Glauben, einer Funktion des religiösen Gemütes wird. Jenen Dogmenglauben haben seinem theoretischen Inhalte nach auch die Teufel, die da „glauben und zittern"; aber er ist nicht ihr Herzenseigentum, in dem, und nach dem sie leben, und **das sie leben**. Das aber soll der Mensch, weil und nur darum weil es Gott gefällig ist.

Hier schon sehen wir deutlich, wie die beiden Bedeutungen des Glaubens bei Luther sich vereinigen und zusammentreten müssen, die wir darum doch begrifflich immer streng von einander zu unterscheiden haben, um nicht dieselben Fehler und Missverständnisse zu begehen, welchen beschränkte Gegner Luthers immer anheimfallen, die aber selbst kritische Geister von der Schärfe und Bedeutung eines Strauss oft nicht vermeiden.

Dem inhaltlichen Glauben tritt hier also ein formaler Glaube, dem Glaubensinhalt ein Glaubensprinzip gegenüber. Das Glaubensprinzip ist die Überzeugung, die da glaubt aus Liebe zu Gott. Es ist der Glaube, es sei Pflicht zu glauben an den Inhalt der Schrift und danach zu leben, nicht bloss weil dieser wahr sei, noch weniger, um damit „Gottes Huld zu erringen,"[2]) um von Gott

---

[1]) Mag selbst Paulus dem Wort die Kraft und die That gegenüberstellen, worin Luther ihn aufnimmt, so hat doch für den Apostel Kraft und That viel eher eine mehr contemplative Bedeutung, und ich glaube, die Übereinstimmung des Apostels mit dem Reformator im Prinzip ist mehr eine wörtliche als eine wirkliche. Das Hervorkehren des Spontanen, Persönlichen ist und bleibt Luthers Verdienst. Unsere späteren Ausführungen werden das noch deutlicher nahe legen.

[1]) Vgl. den Sermon von den guten Werken XX. S. 209

etwas zu „verdienen",[1]) sondern lediglich Gott zu Liebe und Gott zur Ehre. Dieser Glaube allein hat Sinn, Wert und Bedeutung vor Gott, weil in ihm die Liebe zum Ausdruck kommt, und weil er ohne Liebe nicht sein kann, während der inhaltliche Glaube wohl ohne die Liebe sein kann und meist auch ohne die Liebe ist. Darum kann sich Luther[2]) auf Paulus berufen: „Wenn ich mit Menschen- und Engelzungen redete und hätte der Liebe nicht, so wäre ich ein tönend Erz oder eine klingende Schelle. Und wenn ich weissagen könnte und wüsste alle Geheimnisse und **hätte allen Glauben**, also dass ich Berge versetzte, und hätte der Liebe nicht, so wäre ich nichts."

Nun verstehen wir, wie Luther sagen kann, der Glaube allein rechtfertige, und doch auch wieder mit Paulus: Hätte ich „allen Glauben", hätte aber „der Liebe nicht, so wäre ich nichts". Er redet da eben von zweierlei Glauben; im letzten Falle vom dogmatisch-inhaltlichen, im ersten von dem formalen praktischen Glauben, dem Glaubensprinzip, das ihm eins ist mit der guten, gottgefälligen Gesinnung; und zwar für ihn deswegen eins ist mit der guten Gesinnung, weil es eins ist mit dem rein persönlichen Streben, das „nicht seine Sache sucht, sondern allein das Wohlgefallen Gottes." So versteht es sich für Luther, „dass solche Zuversicht und Glaube Liebe und Hoffnung mit sich bringt. Ja, wenn wirs recht ansehen, so ist die Liebe das erste und geradezu gleich mit dem Glauben." Darum meint Luther auch: Zu reden wüssten sie wohl „von der Lehre, die auch gepredigt wird, als vom Glauben" ... aber dieser Glaube ist nichts wert. ... „Gottes Reich steht nicht in den Worten, sondern in der Kraft und in der That."[3]) Das bedeutet aber für Luther nichts Geringeres, als: Der Glaube an Worte, selbst an die der

---

[1]) Vgl. die 4. Fastenpredigt vom Jahre 1523. XXVIII. S. 231 ff.

[2]) Zu wiederholten Malen, besonders im „Sermon von den guten Werken", in der „Freiheit eines Christenmenschen" und in einigen Fastenpredigten vom Jahre 1523.

[3]) Erste Fastenpredigt (vom Jahre 1523) XXVIII. S. 208 ff.

Schrift, kurz an allen Glaubensinhalt, ohne die gute Gesinnung, ohne die Überzeugung der Gottgefälligkeit, kurz „ohne die Liebe ist nichts wert; ja er ist nicht ein Glaube, sondern ein Schein des Glaubens, gleichwie ein Angesicht im Spiegel gesehen, nicht ein wahrhaftiges Angesicht ist, sondern ein Schein des Angesichts." [1])

Dieser praktische Glaube unterscheidet Luther also von der alten Kirche, stellt ihn hoch über diese, und in die Nähe der Mystiker. Aber auch von der Mystik ist er zu trennen, von der spekulativen Eckhartschen, weil er die Verinnerlichung durchaus ins Praktische, nicht in die Metaphysik verlegte; von der „praktischen Mystik" aus einem anderen hochbedeutsamen Grunde. Zwar hatte auch diese das Religiöse in die Verinnerlichung des reinen Herzens nicht theoretischen Glaubens gelegt. Aber in der Selbstversenkung des Individuums in die Gottheit, des Endlichen ins Unendliche hatte die praktische Mystik einerseits eine Selbstentäusserung der Persönlichkeit, ein Aufheben des Individuums, anderseits einen Zustand der Beglückung und Befriedigung gesetzt. Dadurch stehen sie Luther entgegen. Denn dieser sucht im Glauben „nicht seine Sache", sondern nur das Wohlgefallen Gottes; und er sucht eben darum das Wohlgefallen Gottes nie und nirgends um seines Glückes und seiner Befriedigung willen, sondern nur um seiner, d. h. des göttlichen Wohlgefallens selbst willen. Er will von Gottes Huld nichts „verdienen", sondern alles „umsonst" thun und alles „umsonst" [2]) von Gott erhalten. Und endlich unterscheidet er sich von der Mystik dadurch, dass die Persönlichkeit im Glauben zwar auf der einen Seite aber nur rücksichtlich ihres Glückstrebens sich ihrer selbst entäussert, auf der andern Seite aber eigentlich dadurch erst ganz auf sich selbst gestellt wird und zu herrlicher Freiheit und Selbständigkeit gelangt. Auch hier bildet die Aktivität des

---
[1]) Ebenda.
[2]) Vgl. Freiheit eines Christenmenschen XXVII. S. 191. Später wird uns diese Lutherische Glaubensauffassung in ihrer ganzen Tragweite begegnen.

Glaubens das unterscheidende Moment. Wir werden bald sehen, wie dieser aktive, persönliche, rechte, fromme Glaube, der da glaubt Gott zu lieb und zu Gefallen, nach Luther den Menschen auf eine eigene Art frei und selbständig macht; wie er dem einzelnen Frommen den „rechten Verstand" und die „Macht, zu schmecken und zu urteilen, was da recht oder unrecht im Glauben wäre,"[1]) giebt, nämlich in dem inhaltlichen, dogmatisch-theoretischen.

So treten inhaltlich-dogmatischer und formal-praktischer Glaube in eine ganz bestimmte Wechselbeziehung, die wir noch näher zu betrachten haben. Dadurch wird auch die Bedeutung jedes einzelnen der in Wechselwirkung tretenden Faktoren noch besonders klar werden.

§ 3.
Das Verhältnis von inhaltlichem und formal-praktischem Glauben.

Wir deuteten soeben darauf hin, dass ein eigentümliches Wechselverhältnis zwischen inhaltlichem und formalem Glauben bei Luther bestehe. Und dieses ist um so enger, als Luther selbst beide Begriffe in der Reflexion und Abstraktion nie ausdrücklich getrennt hat, wiewohl er sie praktisch unterscheidet, und zwar sie unterscheidet, um sie auch mit einander wieder in Eins setzen zu können. Wir wollen das hier an die Spitze der Untersuchung über das Wechselverhältnis beider Begriffe stellen, weil es die Quelle unzähliger Missverständnisse gewesen ist.

Sehen wir uns nun diese Wechselbeziehung näher an, so kommt hier schon ein eigentümliches Schwanken zum Ausdruck, das sich bald als die Schwebe zwischen dem Konfessionellen und dem Überkonfessionellen in Luthers Glaubensauffassung offenbart. Wir haben ja bereits des längeren ausgeführt, inwiefern der Reformator noch durchaus befangen geblieben ist in dem, was man

---

[1]) Sendschreiben an den christlichen Adel. XXI. S. 288.

das Kirchentum am Christentum nennen kann, in den Dogmen, den zeitlichen Glaubenssatzungen, denen er zeitlose Geltung anerkennt. Und doch ist auch hier schon ein gewaltiger Fortschritt zum Überkonfessionellen gegenüber der alten Kirche zu konstatieren. Dieser liegt eben darin, dass selbst der Schriftglaube nicht als Alleingut und ausschliesslicher Besitz einer sichtbaren Religionsgemeinschaft gedacht wird, sondern als wertvoll auch ausser ihr gilt, wenn ihn die Person nur in ihr Herz aufnimmt. „Lass fahren Sakrament, Altar, Pfaff und Kirche; denn das göttlich Wort ... ist mehr denn alle Dinge, welches die Seele nicht mag entbehren, so wird dich der rechte Bischof Christus selber speissen mit demselben Sakrament."[1] Hier wird vollkommen deutlich, was wir vorhin bereits über die Verinnerlichung des Dogmenglaubens sagten; dass er nicht als theoretische Funktion externalisiert, sondern in das menschliche Herz, in die Persönlichkeit, die ihn nachlebt und lebt, selbst zurückgenommen werden solle, damit er vor Gott Wert habe. Die äusseren Zeichen soll man „fahren lassen" und innerlich und „geistlich" auch den Dogmenglauben, den Glauben an „Schrift" und „göttliches Wort" üben. Durch diese Forderung erhält das Wesen der Verinnerlichung seine gewaltige Tragweite, die wir später in ihrer ganzen Bedeutung verfolgen werden.

Damit haben wir aber bereits das erste Wechselverhältnis zwischen inhaltlichem und praktischem Glauben erfasst. Denn eben diese Verinnerlichung ist eine Funktion des praktischen Glaubens, sie ist nur möglich durch diesen, durch die Liebe, die da, „wenn wirs recht ansehen, ... geradezu gleich mit dem Glauben" ist. Und der Schriftglaube wird davon durchaus abhängig gemacht, da er ohne den praktischen Glauben eben selbst „kein Glaube, sondern nur ein Schein des Glaubens" ist.

---
[1] Ein Unterricht der Beichtkinder über die verbotenen Bücher Dr. Martin Luthers. XXIV. S. 205 f. Zu vergleichen wäre auch der Sermon vom Bann und der Sermon vom Hochw. Sakrament. Auf die eigentliche Stellungnahme Luthers zur Kirche kommen wir noch ausführlicher zurück.

Aber an den Schriftglauben überhaupt bleibt der Mensch nach Luther gebunden. Und so wird das Abhängigkeitsverhältnis von inhaltlichem und praktischem Glauben nun direkt umgekehrt. Denn dieser soll selbst nur dem möglich sein, der den inhaltlichen Glauben — sei es nun innerhalb, sei es ausserhalb der kirchlichen Gemeinschaft — besitzt; weil der Glaube, dass man „Gott wohl gefalle, nur einem Christen mit Gnaden erleuchtet und befestigt, möglich ist." Alles andere Gute kann „ein Heide, Jude, Türke, Sünder auch thun; aber fest trauen, dass er Gott gefalle, ist . . . nur einem Christen . . . möglich."[1])

Der praktische Glaube ist ja eines mit der Liebe und Zuversicht in seinem Thun Gott zu gefallen, weil das Thun nur um dieser Gottgefälligkeit und Liebe willen geschieht. Nun soll aber diese Zuversicht und Glauben nur einem „Christen, mit Gnaden erleuchtet und befestigt", möglich sein. Also wird schliesslich wieder die Möglichkeit der um der Gottgefälligkeit lebensvoll thätigen Gesinnung abhängig gemacht von dem inhaltlichen Glauben, weil nur, wer dessen inne ist, sich auch zu jener soll aufschwingen können.

Aufgegeben hat Luther die Starrheit seines inhaltlichen Glaubens zwar niemals ganz; man mag darum bedauern, dass er den letzten, gewaltigsten Schritt der Konsequenz nicht that. Allein wer historisch denkt, der wird sich zugleich doch sagen müssen, dass mit ihm sich Luther möglicherweise seine historische Wirksamkeit zertreten hätte.[2]) Aber, wie dem auch sei, er ist es doch auch wieder selbst, der wenigstens die Ansätze, jene Starrheit zu überwinden, geschaffen hat.

Denn nicht allein, dass er den Wert des inhaltlichen Glaubens von vornherein doch überhaupt vom praktischen bestimmt sein

---

[1]) Sermon von den guten Werken. XX. S. 198.
[2]) Womit wir nicht die Ungereimtheit ausgesprochen haben wollen, als hätte Luther dieser geschichtlichen Wirksamkeit wegen den Dogmenglauben so scharf betont und die Konsequenz nicht gezogen.

liess, kehrt sich selbst das zweite Abhängigkeitsverhältnis noch einmal um, und zwar ganz in der Richtung des ersten. Und so gewinnen wir eine dritte Ansicht über die Wechselbeziehung von inhaltlichem und formalem Glauben: "Die Schrift", das "göttliche Wort" bindet uns überhaupt. Deren Inhalt ist sowohl theoretisch wahr, wie praktisch giltig; wir sind durch ihn "gehalten". Aber um seiner im Besonderen inne zu werden, um den einzelnen Inhalt der Schrift zu verstehen, den Schriftglauben zu erfahren, bedarf es von unserer Seite wieder sozusagen eines Organs. Luther sieht dies in dem, was er den "rechten Verstand" nennt. Dieser "rechte Verstand" aber hat nichts zu thun etwa mit unserem reflektierenden Erkenntnisvermögen. — Man weiss, wie geringschätzig Luther allenthalben von der "armen Teufelshure" Vernunft redet. — Vielmehr ist er wieder nichts als der "reine Herzensglaube", ein frommes, demütiges, aus der Liebe zu Gott fliessendes Glauben-Wollen, das also dem inhaltlichen Glauben doch vorhergehen muss. Das heisst: Er ist eben wieder der rein persönliche praktische Glaube, der, ohne Ansehen der Person allein durch "Gutheit" des Herzens gewährleistet wird "So jemand etwas Besseres offenbart wird, ob er schon sitzt und dem zuhört in Gottes Wort, so soll der erste, der da redet, stillschweigen und weichen. Was wäre dieses Gebot nutze, so allein dem zu glauben wäre, der da redet und obenan sitzt? Auch Christus sagt Joh. 6, 45, dass alle Christen von Gott gelehrt werden sollen. So mag es wohl geschehen, dass der Papst und die Seinen böse sind und nicht rechte Christen, noch von Gott gelehrt, rechten Verstand haben, wiederum ein geringer Mensch den rechten Verstand habe; warum sollte man ihm nicht glauben?" Und dieser rechte Verstand lässt uns "auch Macht haben, zu schmecken und zu urteilen, was da recht oder unrecht im Glauben wäre." Darum können und sollen wir "mutig und frei werden und den Geist der Freiheit (wie Paulus ihn nennt) nicht mit erdichteten Worten der Päpste abschrecken lassen, sondern frisch hindurch alles, was sie thun oder lassen, nach unserem gläubigen

Verstand richten und sie zwingen, dem Besseren zu folgen und nicht ihrem eigenen Verstand." [1].

Dieser „Zwang" durch den „Besseren" ist aber kein gewaltsamer, im Gegenteil macht er frei von der gewaltsamen Bedrängnis der Autorität, indem eben der „Bessere", der Gesinnungstüchtige in sich selber seinen Grund und Halt findet. Der Autorität aber hält Luther gegenüber: „Niemand soll zum Glauben gezwungen werden" [2] und: „Ich will es nit leiden, dass Menschen neue Artikel des Glaubens setzen." [3] „Denn was mir Gott nicht verbeut und ichs frei habe zu thun oder zu lassen, da soll mir kein Mensch, ja kein Teufel noch Engel ein Gebot daraus machen, und sollte es auch Leib und Leben kosten." [4] So wird mit den Forderungen, man solle „Gewissen nicht treiben und martern" oder „darum hüte dich und lass kein Ding so gross sein auf Erden — ob es auch Engel vom Himmel wären, — das dich wider dein Gewissen treibe von der Lehre, die du göttlich erkennst und achtest," [5] dem Gewissen nicht nur Freiheit gegenüber aller menschlichen Autorität, sondern eben damit auch implizite — nicht zwar der Schrift überhaupt, aber doch — dem Schriftverständnis gegenüber gegeben, sodass auch zur Frage nach der Autorität jener nur ein, wenn auch gewaltiger, Schritt war, den Luther allerdings nicht vollzog.

Man wird sich über die logischen Mängel und Widersprüche in Luthers Glaubenslehre nicht einen Augenblick zu täuschen brauchen, und doch deren Bedeutsamkeit und Tragweite wohl würdigen können. Wir selber haben die Widersprüche deutlich genug hervortreten lassen, wenn wir ihnen auch keine ausdrückliche

---

[1] Sendschreiben an den christlichen Adel deutscher Nation. XXI. S. 287 ff.

[2] Unterricht der Beichtkinder. XXIV. S. 205.

[3] Vom Papsttum zu Rom wider den berühmten Romanisten zu Leipzig. XXVII. S. 136.

[4] Vierte Fastenpredigt (vom Jahre 1523). XXVII. S. 233.

[5] Unterricht der Beichtkinder. XXIV. S. 207 f.

Kritik nachschickten; wir wissen ferner, dass selbst die letzte Wendung zur Freiheit von der Autorität, ja auch schliesslich keine absolute Befreiung von der Schrift bedeutet, und wie sehr „Wort und Meinung Christi" für Luther in der Schrift selbst Autorität ist. Es ist ja auch so leicht, ohne Widerspruch zu bleiben. Wieviele Menschen ersparen sich im Leben grosse Widersprüche, weil sie sich Gedanken ersparen! Und auf die Logik Luthers kam es uns, wie gleich gesagt, nicht an. Das Sittlich-Religiöse steht im Vordergrunde des Interesses für jeden, für den Luther selbst von Interesse ist. Und in Rücksicht darauf haben wir, glaube ich, doch aus seiner Glaubensidee das Prinzip der lauteren, gottgefälligen, selbsteigenen Gesinnung der Persönlichkeit analysieren können. Wir werden kaum noch einer besonderen Zurückweisung solcher Vorwürfe bedürfen, wie sie Strauss gegen Luther erhebt, wenn er sagt: „Hätte er den an sich gleichgiltigen Äusserlichkeiten gegenüber die sittliche Gesinnung als dasjenige, worauf es ankommt, betont, und von Gott gesagt, dass er auf den ernstlich guten Willen sehe, da, von jenen Äusserlichkeiten gar nicht zu reden, auch die Ausführung des sittlich Gewollten beim Menschen immer unvollkommen bleibe: so müsste ihm, der katholischen Kirche gegenüber, die feinere und tiefere Auffassung dieses Verhältnisses zugestanden werden. Aber seine Lehre vom rechtfertigenden Glauben, neben dem selbst die gute Gesinnung Nebensache sein soll, war einerseits überspannt, und andererseits für die Sittlichkeit äusserst gefährlich." [1]

Solche Sätze aus der Feder eines der scharfsinnigsten Theologen nehmen sich merkwürdig aus. Luther bedeutet, scheint es danach, nicht nur keinen Fortschritt über die alte Kirche, sondern eine „für die Sittlichkeit äusserst gefährliche" Erscheinung, da neben seiner Glaubensidee „selbst die gute Gesinnung Nebensache sein soll." Harnack sagt einmal, Luther habe den „Dualismus von dogmatischem Christentum und praktisch-christlicher

---

[1] a. a. O. S. 20

Selbstbeurteilung und Lebensführung aufgehoben."[1] Man wird das zugeben dürfen, insofern Luther in der That den dogmatischen Glauben und den praktischen Glauben innig, wenn auch nicht ohne Widerspruch, mit einander vereinigte. Dass aber eben **beide** Bestandteile in seiner Glaubensidee beschlossen liegen, wird man sich darüber immer gegenwärtig halten müssen. Und dass dieser praktische Glaube, der „reine Herzensglaube", wie er ihn noch nennt, die lautere Gesinnung selber darstellt, und nicht **neben** dem Glauben eine **Nebensache**, sondern in seiner Glaubensidee mit dem dogmatischen Glauben zusammen die beiden **Hauptfaktoren**, also selbst eine Hauptsache bedeutet — mag sein Verhältnis zum dogmatischen Glauben auch widerspruchsvoll sein —, das wollten wir bisher nur darstellen. Welche eminente Bedeutung aber dieser Gesinnungsglaube sonst noch hat, werden wir im weiteren sehen.

Kapitel II.
Der Glaube und die Werke.

Wir haben bisher die Grundzüge der Glaubenslehre Luthers kennen gelernt und gesehen, wie man in seiner Glaubensidee zwei Bestandteile unterscheiden muss. Von besonderer Bedeutung erschien uns der praktische Glaube, dessen weitreichenden Wert wir aber noch lange nicht genugsam klargestellt haben. Wir betonten nur das Thathafte, das in seinem Wesen liegt, und die Persönlichkeit allein auf sich und auf ihren Gott stellt, unabhängig von aller menschlichen Autorität. Dieses Prinzip des eigensten thatvollen Glaubens entwickelt nun seine bedeutsamsten Folgen für das Leben und das sittliche Wirken des Menschen überhaupt. Denn auch hier ist es der höchste bestimmende Faktor, indem lediglich des Einzelnen Eigenthat unter dem Gesichtspunkte des

---
[1] a. a. O. III. S. 775.

Wohlgefallens Gottes betrachtet wird. Mit der Glaubenslehre Luthers verschmilzt so aufs innigste seine Sittenlehre. Natürlich kann es sich hier ebenso wenig um ein ausgeführtes System der Sittenlehre handeln, wie wir vorhin ein System der Glaubenslehre Luthers darstellen wollten. Es kommt uns auch hier nur auf die grossartigen Prinzipien, auf die Grundgesichtspunkte, unter denen Luther das praktische Wirken, das Handeln des Menschen als That werdenden Glauben fasst.

Diese Hauptgesichtspunkte werden aber am schärfsten und klarsten hervortreten, wenn wir zuerst einen Blick auf die historische Lage werfen, zusehen, was vor Luther und zu seiner Zeit selbst als das sittlich-religiös Wertvolle im Leben und Wirken des Menschen in erster Linie angesehen wurde, und was dem Reformator aus seiner Glaubensidee heraus nun eigentlich mit unabweislicher Gewalt seine Sittenlehre abnötigen musste.

§ 4.
Das gute Werk im Sinne der alten Kirche.

Man pflegt zwecks des historischen Verständnisses der Reformation durch Luther in erster Linie immer den Ablasskram und Ablasshandel zu betonen. Es ist wahr, dass der Unfug, der damit getrieben wurde, Luther aufs äusserste empören musste und zu seinem reformatorischen Auftreten den ersten äusseren Anlass gab. Denn er sah deutlich, wie die im Namen der Kirche, ja der Religion selbst gehende Einrichtung nichts Anderes war, als ein Geschäft, das die Kassen und Schätze des Papstes füllen sollte, das aber auf der anderen Seite die Menschen vollkommen demoralisieren musste. Konnten diese doch nicht anders, denn glauben, alle Selbstverantwortung sei von ihnen genommen, durch Geld vermöchten sie ihrer Sünden ledig zu werden, um in derselben Aussicht nachher wieder lustig und frisch darauf los sündigen zu können.

Und so war es weniger der äussere Ablassschacher als solcher, als vielmehr die ganze innere Verkehrung und Verdrehung, die das Pfaffenregiment mit dem Wesen der „Gutheit" vollzog, was Luthers religiöses Denken und Fühlen verletzte. Es ward überhaupt für gut und heilsam nur das gehalten, was der pfäffischen Sucht nach Gefallen war: Gebote und Pflichten wurden hinfällig, sobald man sich von ihnen mit Geld loskaufen konnte, das in die römischen Kassen floss; für Geld fiel der Bann, für Geld wurden Ehedispense erteilt. Jubiläumsjahre galten für gut, weil sie Geld nach Rom brachten, und je mehr sie dahin trugen, desto häufiger wurden sie angesetzt. Ihre ursprüngliche Zahl ward verdoppelt, ja verdrei- und vervierfacht. Kirchenwürden wurden verkauft. Der aufs Äusserliche und den äusseren Gewinn gerichtete selbstische Sinn der Geistlichen bewirkte, dass die „Messen so jämmerlich geschlappert werden, noch gelesen, noch gebetet; und ob sie schon gebetet würden, doch nicht um Gottes willen aus freier Liebe, sondern um Geldes willen und verpflichteter Schuld vollbracht werden," wo „es doch nicht möglich ist, dass Gott ein Werk gefalle, oder etwas bei ihm erlange, das nicht aus freier Liebe geschieht." Und an den „heiligen Tagen" selber machte sich breit das Laster: „Der Missbrauch mit Saufen, Spielen, Müssiggang und allerlei Sünde."[1]) Kurz, nicht nur ward das „Geistliche" verweltlicht; nein, dem menschlichen Handeln ward aller Sinn und Wert genommen. Gut sollte sein, was der Pfaffenwillkür nach Gefallen war, und böse, was sich ihr nicht fügte. Ob das Recht nicht bloss recht, sondern auch gerecht war, danach ward nicht gefragt. Wo die Gewalt war, da war das Recht, und darum war die Kirche ja auch keine Stätte der Religion, sondern längst eine solche der Gewalt und Politik geworden. Auf das Gewissen des Einzelnen ward keine Rücksicht genommen, es ward in Blindheit und Knechtschaft gehalten. Ob es für oder gegen eine Handlung sprach, oder ob es überhaupt nicht sprach, das galt gleichviel. Wenn nur Handlungen geschahen, die irgendwie pfäffischen Satzungen entsprachen, so war es gut, und sie waren

---

[1]) Sendschreiben an den christlichen Adel deutscher Nation. XXI. S. 327.

die wahren „guten Werke" im Sinne der alten Kirche. Dieser Sinn aber musste jedem wahrhaft religiösen Sinne Hohn sprechen und darum mit absoluter Notwendigkeit zu der Umgestaltung führen, die Luther vollzog.

§ 5.
Notwendige logische Disjunktion des Begriffs vom „guten Werk".

Gegen die guten Werke in dem jetzt besprochenen Sinne, sagten wir soeben, musste sich Luthers freies und grosses Herz wenden, und er bekämpfte sie mit dem ganzen Nachdruck seiner starken Persönlichkeit. Dabei war er sich, wie schon oft hervorgehoben,[1]) der Gefahr einer Missdeutung seiner hier in Rede stehenden Lehre gar wohl bewusst, sintemal man ihm bereits nachredete, er „verböte gute Werke". Ja diese Missdeutungen haben angehoben an den Tagen, da Luther seine neue Lehre verkündete und sich fortgepflanzt bis auf unsere Zeit. Man verstand das „Verbieten" der guten Werke durch Luther so, als ob er nun das „gute Werk" überhaupt ablehne und verdamme. Es ist doch eigentümlich und schwer begreiflich, wie die in der formalen Logik förmlich aufgewachsenen und mit ihren Regeln gedrillten zeitgenössischen Theologen den Mann mit seiner trotz aller Gewalt einfachen und ungekünstelten Rede so missverstehen konnten, wie sie ihn missverstanden haben. Oder sollten sie der scharfen, unmittelbar klaren und deutlichen Unterscheidung, die er mit seinem natürlichen Verstande, ohne die Formeln des Schuldrills rücksichtlich des Begriffs des „guten Werkes" vollzog, wahrhaftig nicht fähig gewesen sein? Klingt es doch, als ob später selbst Spener anfangs sehr verwundert darüber gewesen sei, dass Luther „an verschiedenen Orten, absonderlich in der Kirchenpostille auf Mittwoch nach Ostern, so ernstlich das gottselige

---

[1]) So auch von Ewald Schneider in seiner Herausgebervorrede zum „Sermon von den guten Werken"; in der Volksausgabe.

Leben treibe, als einer nur thun kann."¹) Sollten auch die, die ihm vorwarfen, seiner Lehre gemäss hätte man nichts Besseres zu thun, als sich aufs Nichtsthun zurückzuziehen, nicht empfunden haben, wie eine solche Lehre seiner thatenfrohen und wirkungsreichen Natur den allerersten und empfindlichsten Schlag versetzt haben würde, ja dass er niemals würde seine Wirkung haben entfalten können, wenn das wirklich seine Lehre gewesen wäre? Aber vielleicht sieht man das und weiss dem auch eine hübsche Erklärung zu geben. Man wird uns daran erinnern, dass wir früher ja selbst schon auf Widersprüche in Luthers Lehre hingewiesen haben. Damit wird man dann dem Reformator und uns selber jetzt „auf die Sprünge helfen" wollen. Da habt ihr nun, wird man sagen, abermals solche Widersprüche, und eben ganz unglaublich harte, viel schlimmere als die ersten: Widersprüche zwischen Lehre und Leben, zwischen Anschauung und Charakter, zwischen Theorie und Praxis. Nun wir sind des Glaubens, auch der ärgste Gegner dürfte uns der Unaufrichtigkeit und Unehrlichkeit etwelcher Bemäntelung und Verschleierung von Widersprüchen nicht zeihen. Wir hätten auf die wirklichen vorhin und die vermeintlichen jetzt nicht mit der Deutlichkeit hinweisen dürfen, mit der wir es thun, wollten wir überhaupt vertuschen und bemänteln. Darum sagen wir den Einwendungen gegenüber: Gemach! Erstens sind die „guten Werke" der Kirche noch nicht die guten Werke überhaupt; wenn jene abgelehnt werden, sind damit auch noch nicht diese abgelehnt. Und zweitens brauchen die abgelehnten, weil sie nicht wertvoll und gut sind, noch nicht wertfeindlich und böse zu sein, wenn sie auch wertlos sind. Wie zwischen den guten Werken der Kirche und den guten Werken überhaupt ein Unterschied ist, so ist auch ein Unterschied zwischen nichtguten Werken und bösen Werken,

---

¹) Vgl. dazu „die Ethik Luthers in ihren Grundzügen". Dargestellt von Dr. Chr. Ernst Luthardt, Domherr, Konsistorialrat und Professor der Theologie. Leipzig. II. Aufl. 1875.

zwischen **Wertlosigket** und **Wertfeindschaft.** Dieser Unterschied ist so einfach und einleuchtend, dass ihn nicht bloss in Einfalt ein kindlich Gemüt, sondern auch wirklich der Verstand der Verständigen sehen muss.

Nun wollen wir untersuchen, wie er sich in Luthers Wertungsweise selber ausprägt in seiner Auffassung von den guten Werken. Dabei wollen wir ausgehen von den in seinem Sinne nicht-guten „guten Werken", um dann zu erkennen, wie er das gute Werk versteht, damit es wirklich gut sei.

§ 6.

Luthers faktische Unterscheidung von Wertfeindschaft und Wertindifferenz des „guten Werkes" im alten Sinne.

Alles, was nicht gut ist, ist entweder böse oder weder gut noch böse, d. h. in Bezug auf seinen Wertgehalt indifferent. So haben wir die Sphäre des Nicht-Guten eingeteilt, und zwar eigentlich schon im vorigen Paragraph. Und genau so teilt auch Luther praktisch, wenn auch nicht in unserer theoretisch-begrifflichen Zuspitzung, ein. Dem entspricht auch genau sein Ablehnungsverhalten. Er lehnt die „guten Werke", die nicht in seinem Sinne gut sind, ab. Aber seine Ablehnung ist, ganz davon abgesehen, dass er **nicht die guten Werke** überhaupt verbietet, selbst rücksichtlich der abgelehnten nicht durchaus eine Verdammung und Verurteilung. Ganz deutlich spricht er von dem **Zweck des Werkes** und vom **„Werke an ihm selbst"**; und erkennt dieses als solches für wertlos.[1] Und ausdrücklich heisst es: „Darum verwerfen wir die guten Werke nit um ihrentwillen, sondern um des bösen Zusatzes und falscher, verkehrter Meinung willen."[2] „Die Werke sind nit um ihrentwillen Gott angenehm,"[3] darum sind sie aber auch noch nicht um ihretwillen Gott unange-

---

[1] Sermon von den guten Werken. XX. S. 250.
[2] Freiheit eines Christenmenschen. XXVII. S. 194.
[3] Sermon von den guten Werken. XX. S. 199.

nehm. Wer die von der Kirche vorgeschriebenen Werke vollbringt, gedankenlos etwa, der vollbringt damit weder etwas Gutes noch etwas Böses, seine Handlung ist in Bezug auf ihren Wert oder Unwert gleichgiltig, indifferent. Aber ganz anders steht es schon um die, welche die Vorschrift erliessen, und für ihre Ausführung gebieterisch sorgen. Denn gedankenlos haben die es nicht gethan. Wir hörten vorhin, wie Luther sich beklagt, dass die „Messen so jämmerlich geschlappert werden, noch gelesen, noch gebetet; und ob sie schon gebetet würden, doch nicht um Gottes willen aus freier Liebe, sondern um Geldes willen und verpflichteter Schuld vollbracht werden." Machen wir uns an diesem Beispiele die vorige Unterscheidung klar. Luther lehnt die in der Messe zum Ausdruck kommende Werkgerechtigkeit ab. Nur kann sie ganz verschieden bei dieser Ablehnung noch beurteilt werden. Der „Laie", ja selbst der Priester, der damit ein „Lippenwerk" vollbringt, sie thun damit nichts Gutes. Aber sie brauchen damit noch nichts Böses zu thun. Es ist nur wertlos, ein „Werk an ihm selbst", das sie ausführen. Ganz anders steht es aber mit denen, die die Messe „jämmerlich schlappern" etwa „um Geldes willen". Hier ist ein böser Bestimmungsgrund des Herzens, ein schlechtes Motiv der Seele zu erkennen: der „böse Zusatz" und die „falsche, verkehrte Meinung".

Ohne subtile Begriffsspalterei, laienhaft einfach und klar und absolut evident treten diese Anschauungen zu Tage: Das „Werk an ihm selbst" ist wertlos, nur der „böse Zusatz", die „falsche, verkehrte Meinung" macht es böse und verwerflich.[1]

---

[1] Eine treffliche Illustration könnte man übrigens in einem (in den „Gedanken und Erinnerungen" mitgeteilten) Gespräch zwischen Bismarck und dem Bischof von Ketteler finden. Mag Bismarck auch im Scherz gesprochen haben, der Scherz entbehrt doch eines tieferen Ernstes nicht. — Auch Paulsen weist a. a. O. darauf hin.

§ 7.
Das gute Werk in Luthers Sinne im Gegensatz zur alten Auffassung.

Der vorige Paragraph hat bereits die quaestio juris der in ihm aufgewiesenen Unterscheidung, wenn auch nicht ausdrücklich gestellt, so doch implicite angedeutet, und zwar sogar auch schon in ihrer Lösung angedeutet. Damit hat er uns auch unmittelbar vor die Frage nach dem Wesen des guten Werkes in Luthers Sinne geführt, deren Beantwortung selbst schon durch die Ausführungen unseres ganzen ersten Kapitels nahe gelegt ist.

Stellen wir nun die quaestio juris wirklich und deuten ihre Antwort nicht bloss an, sondern geben sie auch, so können wir mit einem Schlage sowohl den Grund angeben für die Unterscheidung der wirklich guten Werke im Sinne Luthers und der vermeintlich guten Werke, in Wahrheit aber nicht-guten Werke, als auch darauf wieder die weitere Unterscheidung von bösen und indifferenten Werken basieren.

Ganz allgemein sind die „guten Werke" im Sinne der alten Kirche nicht auch wirklich gut, weil sie ohne den Glauben geschehen; sie sind „ausserhalb des Glaubens, darum sind sie nichts".[1]) Wie wir nun leicht innerhalb der nicht-guten „guten Werke" den Unterschied rechtlich begründen können, indem zwar beide wertlos, weil „ausserhalb des Glaubens", die einen aber einfach wertindifferent, weil ohne den Glauben, die anderen wertfeindlich, weil gegen den Glauben sind, so können wir nun die guten Werke im Sinne Luthers näher begrifflich bestimmen, indem wir sie einfach der Gesamtbestimmung jener beiden anderen Kategorien antithetisch gegenüberhalten: Der Glaube bleibt für ihn das Wert- und Unwert-Bestimmende. Sind nun die guten Werke im alten Sinne alle nur deswegen nicht auch in Wahrheit gut, weil sie „ausserhalb des Glaubens" sind, und sind sie mit

---

[1]) Sermon von den guten Werken. XX. S. 197 f.

den guten Werken überhaupt noch nicht identisch, sodass deren begriffliche Sphäre logisch weitergreift, so müssen die wahrhaft guten Werke die sein, die, wir können sagen, innerhalb des Glaubens sind, „im Glauben gehen und geschehen". Somit haben wir den Begriff des guten Werkes im Sinne Luthers gewonnen. Er ist aber zunächst noch recht allgemein und vag bestimmt. Wir müssen seinen Inhalt darum noch etwas weiter auseinanderlegen und erläutern.

Während die alte Kirche nur darauf sah, dass überhaupt gewisse statutarische Vorschriften geschehen und so etwas als „gutes Werk" bezeichnete, was im günstigsten Falle aber nur „Werk an sich" ist, im schlimmsten aber auf einer „falschen, verkehrten Meinung" beruht und, indem es geboten wird, den Widerspruch des Gewissens der Persönlichkeit herausfordert, so erhält bei Luther das gute Werk überhaupt nur Wert, indem es einerseits aufhört, „Werk an sich" zu sein und andererseits durch rechte, gute Meinung bestimmt wird. Durch sie aber wird es bestimmt, wenn es auf den Willen Gottes und dessen Wohlgefallen als auf seinen höchsten Zweck bezogen wird. Denn ihm muss „Wahrheit und alles Gute zugeschrieben werden, wie er denn wahrlich ist. Das thun aber keine guten Werke, sondern allein der Glaube des Herzens".[1]

Hier wird nun von neuem klar, wie notwendig die im ersten Kapitel innerhalb des Glaubensbegriffes gemachte Unterscheidung zwischen praktischem und inhaltlichem Glauben war. Denn wäre Luthers Glaubensidee, wie Strauss meint, in dem dogmatischen Schriftglauben beschlossen, so hätte Luther in der That nicht das gute Werk in seinem Sinne der alten Auffassung gegenüberstellen können, da diese sich gar wohl mit einem lediglich und rein dogmatischen Glauben verträgt, in Wahrheit sogar auf ihn gegründet ist. Und gerade weil in der Glaubensidee des Reformators der praktische Glaube, oder, wie er ihn hier selbst nennt, der „Glaube

---

[1] Freiheit eines Christenmenschen. XXVII. S. 183.

des Herzens"¹) ein integrierender Faktor ist, kann er den Wert des Werkes von der „Meinung" der Persönlichkeit abhängig machen. Dass darum die Gesinnung für ihn nicht Nebensache sein kann, wird wohl auch unter diesem Betracht schon wieder klarer; und wird immer mehr einleuchten, je mehr wir den Glauben — den wir zuerst nur sozusagen rein immanent betrachteten und analysierten — in Verbindung mit den Werken treten sehen.

Denn dieser Glaube, „in dem die Werke gehen und geschehen" müssen, das ist der „Glaube des Herzens", durch unser Handeln und in ihm „Gott wohlgefällig" zu sein, und nur um dieser Gottwohlgefälligkeit willen zu handeln, also aus keinem anderen Grunde, denn um Gott zu gefallen. Kurz unser Handeln muss, damit es Wert habe vor Gott, auf jenem Glauben basiert sein, von dem Luther, wie wir gehört haben, sagt, dass er „Liebe und Hoffnung mit sich bringt. Ja, wenn wirs recht ansehen, so ist die Liebe das erste oder geradezu gleich mit dem Glauben".²)

Es ist ein zwar transscendent bestimmter, aber rein sittlicher Glaube, von dem wir schon aus unseren ersten Ausführungen erkennen konnten, dass er allein in den Tiefen der individuellen Seele seinen Halt findet. Das wurde hier noch deutlicher, da er einerseits dem „Werk an ihm selbst" gegenübergestellt und darum andererseits auch als dessen Wert erst bestimmend erkannt wurde. Und nun werden wir zu ersehen haben, wie dieser Glaube der Persönlichkeit von Luther als das einzig wertvolle Motiv ausdrücklich klar herausgestellt und ausser ihm keines als wertvoll anerkannt wird, sodass das gottgefällige Handeln um der Gottwohlgefälligkeit selbst willen, als der einzige und höchste Zweck des sittlichen Menschen erscheint.

---

¹) Eine Benennung, die es wohl klar und deutlich rechtfertigt, dass wir diesen Glauben selbst als praktischen Glauben charakterisiert haben.
²) Vgl. oben § 2.

§ 8.
Der persönliche Glaube als einziges Wertmass für das gute Werk.

Wir sind, scheint es, zu der Auffassung geführt, Luther habe den Wert des guten Werks ganz und gar, ja ausschliesslich abhängig gemacht von dem, was er den „Glauben des Herzens" nennt, allein also von der Überzeugung des autoritätsfreien persönlichen Gewissens und dessen Ausspruch, dass die Handlung Gott wohlgefällig sei, weil sie nur um dieses Wohlgefallens willen und aus keinem Grunde sonst vollbracht werde: und dieses sei das eigentlich und wahrhaft gute Werk im Sinne Luthers.

Wir scheinen zunächst vorsichtig gewesen zu sein, indem wir sagten, wir s c h e i n e n durch das Vorhergehende zu dieser Überzeugung geführt. In Wahrheit s c h e i n t es aber nicht bloss so, sondern ist es auch wirklich der Fall. Nur wollten wir andeuten, dass wir es noch an der Hand Luthers näher zu begründen haben, dass es auch seine ausdrückliche und klar ausgesprochene Auffassung gewesen sei. Und das wollen wir jetzt zeigen.

Gäbe es ausser diesem rein persönlichen Glauben der Gottwohlgefälligkeit, dem reinen Gesinnungsglauben (als welchen wir dieses Lutherische Prinzip auch vom philosophischen Gesichtspunkte noch werden anerkennen müssen) noch andere Bestimmungsgründe, die als Motive zum „guten Werk" in Frage kommen könnten, so müsste Luther sie, wenn wir jenen praktischen Glauben als die einzige von ihm als wertvoll anerkannte Motivation sollten hinstellen dürfen, alle abgelehnt, d. h. zum mindesten eben nicht als sittlich wertvoll anerkannt haben.

Um diese aufdecken zu können und dann zu sehen, welche Stellung Luther zu ihnen nimmt, wollen wir uns noch einmal kurz vergegenwärtigen, welche Bestimmung der Begriff dieses praktischen Glaubens implizite in sich enthält. So gliedert sich die Untersuchung dieses Paragraphen nach drei Gesichtspunkten: erstens fragen wir noch einmal kurz nach dem Wesen des persönlichen Glaubens selbst, zweitens nach den ausser diesem möglicherweise fürs „gute Werk" in Betracht kommenden Bestimmungsgründen, und drittens nach Luthers Stellungnahme zu diesen. Diese letzte Frage ist also nicht sowohl bloss auf die logische Konsequenz gerichtet, ob Luther sie seiner Glaubensauffassung zufolge habe ablehnen müssen — denn logischerweise müsste das sowieso folgen — sondern vielmehr ob er nun die Konsequenz auch **faktisch** gezogen und jene Bestimmungsgründe **wirklich** abgelehnt hat.

Erstens: Soll ein Werk im Sinne Luthers auch ein gutes Werk sein, so muss die Persönlichkeit es thun wollen, weil sie überzeugt ist, dass sie damit etwas Gottwohlgefälliges vollbringe, und nur um dieser Gottwohlgefälligkeit willen hat sie es zu vollbringen. Sie muss in der Vollendung ihrer That selbst Gottes Willen erkennen und **ihren eigenen Willen** Eins wissen mit dem göttlichen Willen. Ihr selbsteigener Wille, der sich also durch keinen anderen Willen vertreten und ersetzen lassen kann, wie er ja selbst keinen anderen Willen zu vertreten und zu ersetzen vermag, gehört darum notwendig zu der Beziehung auf den göttlichen Willen, **damit ihr die That überhaupt angerechnet werde**, und ihr selbsteigener Wille mit der gewissenhaften Überzeugung, Eins zu sein mit dem göttlichen Willen, wird erfordert, **damit ihr die Handlung als gut angerechnet werde**.

Zweitens: Es ist nun leicht, die etwa in Frage kommenden anderen Bestimmungsgründe aufzudecken. In der notwendigen Betonung des selbsteigenen Willens liegt implizite eine Entgegensetzung zu anderem Willen. Der göttliche Wille kann dabei nicht in Frage kommen, da mit diesem ja nicht Entgegensetzung, sondern gerade Ineinssetzung stattfinden soll, und wenn diese stattfindet, so bewegen wir uns ja innerhalb der soeben noch einmal herausgearbeiteten Kategorie. Es kann sich also nur um eine Entgegensetzung zu anderem menschlichen Willen handeln, sei es dass dieser in einzelnen Geboten oder allgemeinen statutarischen Satzungen zum Ausdruck kommt. Sie müssten unserer Bethätigung einen Inhalt zu geben versuchen, der nicht schlechthin Inhalt unseres eigenen überzeugungstreuen Wollens ist; den wir aber in unseren Willen aufnehmen, nicht weil wir darin Gottes Willen erkennen, auch nicht, weil wir selber ihn seinerselbst wegen wollen, sondern lediglich jener Satzungen des fremden Menschenwillens wegen, in Rücksicht auf den daraus fliessenden Erfolg, etwa auf Lohn und Strafe. Das ist das Eine. Auf den göttlichen Willen hätte eine solche That entweder gar keine oder nur eine entgegengesetzte Beziehung.

Fragen wir nun, welche Beziehungsmöglichkeiten in Rücksicht auf den göttlichen Willen überhaupt stattfinden können, so zeigt sich, dass zunächst einmal in Wirklichkeit gar keine Beziehung stattzufinden braucht, mögen wir, im Hinblick auf die vorangehende Bemerkung, nun lediglich um fremder Menschensatzungen etwas wollen, weil wir an den für uns daraus erwachsenden Erfolg denken, oder mögen wir etwas aus eigenem Antrieb wollen. In jedem Falle müsste es ein „Werk an ihm selbst" bleiben, also moralisch wertlos sein. Es kann aber dann auch wirklich eine Beziehung auf die Gottwohlgefälligkeit stattfinden, und sie kann in der That unserem Handeln als Ziel gesetzt sein. Da ist nun wieder zu unterscheiden, ob sie um ihrerselbstwillen als Ziel und damit als letzter und höchster Zweck gesetzt ist, oder um eines über ihr hinausliegenden und nur vermittels ihrer erreichbaren anderen Zweckes willen. Im letzten Falle würden wir, wie in den früheren, doch auch auf irgend eine Weise nur unsere Sache suchen, in Wahrheit also gar nicht um der Gottwohlgefälligkeit wegen selbst handeln. Wenn unser Handeln nicht gar sündhaft wäre, so könnte es im günstigsten Falle auch nur ein „Werk an ihm selbst" sein. Und konsequenterweise müsste Luther alle diese Bestimmungsgründe, mit Ausnahme des einen, der die Gottwohlgefälligkeit als Selbstzweck hat, ablehnen.

Drittens: Fragen wir nun, ob Luther faktisch und ausdrücklich die Konsequenz gezogen hat. Zum Teil geben uns schon die früheren Ausführungen die Antwort darauf: Dass absolute Beziehungslosigkeit zu dem göttlichen Willen immer wertlos ist, besagte ja längst jene Luthersche Formulierung, dass die guten Werke im Geiste der alten Kirche „ausserhalb des Glaubens und darum Nichts" wären. Denn ausserhalb des Glaubens und ohne Beziehung auf göttliches Wohlgefallen sein ist Eines und dasselbe, das heisst: „Nichts". So fällt die völlig beziehungslose That aus der Kategorie des guten Werkes im Sinne Luthers sofort heraus. Mag es immerhin der eigene Wille sein, der sich auf einen bestimmten Inhalt richtet, sein Streben ist in sittlich-religiöser Beziehung wertlos, wenn es nur „das Seine sucht" und nicht das Wohlgefallen Gottes.

Aber auch wenn dem Menschen ein bestimmter Wollensinhalt als solcher nicht zusagt, und er ihn um gewisser statutarischer Gebote der Menschen überhaupt, wie der Willkür der Einzelnen wegen — dass in letzter Linie doch auch hier immer nur das Seine gesucht wird, weil eben Furcht oder Hoffnung die letzten Bestimmungsgründe sind, und sich die Selbstsucht über die ungern gewählten Inhalte hinaus auf gern gewählte richtet, das betont Luther nicht ausdrücklich — erstrebt, vollbringt er kein wahrhaft gutes Werk. „Darum hüte dich und lass kein Ding so gross sein, ob es auch Engel vom Himmel wären, das dich wider dein Gewissen treibe", haben wir ihn ja auch schon[1]) ausdrücklich mahnen hören. Die Befolgung keines noch so gewaltigen Gebotes und Machtspruchs der Autorität, bloss weil es Gebot, Machtspruch und Autorität ist, ist also gut. Wie könnte darum, das ist Luthers Lehre, dem Menschen etwas anderes, als sein eigenes gottgefälliges Wollen für gut angerechnet werden, wenn ihm nicht Furcht vor Strafe und Streben nach Lohn selbst für wertvoll, oder wenn ihm nicht gar fremder Wille als eigener Wille angerechnet werden sollte? Oder wie könnte sein eigenes Wollen anderen angerechnet werden? Es kommt auf jedes Einzelnen Wollen an, und eigenes Wollen ist ebensowenig fremdes Wollen, wie fremdes Wollen

---

[1]) Vgl. § 3.

eigenes Wollen ist. Auf sein Gewissen und sich selbst bleibt jeder Einzelne gestellt. Darum kann der Mensch für keinen anderen wertvoll wollen, wie das auch für ihn kein anderer vermag. Wenn deshalb fremde Gebote unser Wollen zu bestimmen trachten, uns aber wider unser Gewissen und eigenen guten Willen treiben, dann sollen wir sie eben „nicht gross sein lassen", ihnen keine Macht über unser Thun und Lassen einräumen, genau wie wir selbst des Nächsten „Gewissen nicht treiben noch martern" sollen.[1])

Auf der einen Seite also heisst es ausdrücklich: „Was mir Gott nicht verbeut und ichs frei habe zu thun und zu lassen, da soll mir kein Mensch, ja kein Teufel, noch kein Engel ein Gebot daraus machen, und sollte es auch Leib und Leben kosten".[2]) Und ebenso kann ich auf der anderen Seite für keinen Anderen einstehen, kein gutes Werk für ihn vollbringen und ihm zuwenden. Denn das kann „Niemand nützen, Niemand zugewendet werden,[3]) für Niemand bei Gott eintreten, Niemand mitgeteilt werden, denn allein dem, der mit eigenem Glauben glaubt."[4]). So ist die Beziehung der Persönlichkeit auf das göttliche Wohlgefallen nur möglich vermittels des eigenen Willens. Dieses ist für jenes Ziel die condicio sine qua non; für das wahrhaft gute Werk, für die wirklich wertvolle Handlung also eine unerlässliche Voraussetzung. Nicht zwar ist eine Handlung schon gut, wenn in ihr ein eigener Wille zum Ausdruck kommt, der sie ergreift und sich

---

[1]) Ein Unterricht der Beichtkinder. XXIV. S. 209.
[2]) Vierte Fastenpredigt (vom Jahre 1523). XXVIII. S. 233. vgl. oben § 3.
[3]) Solche Zuwendungen waren in der alten Kirche etwas sehr Gebräuchliches und sind bis auf den heutigen Tag üblich. So wendet z. B. der Priester, wenn er dafür bezahlt wird, dem Laien eine Messe zu auf irgend „eine gute Meinung", wie Gesundwerden, Gelingen eines Geschäfts, Ertrag der Ernte etc. Sie Beide, der bezahlte Priester und der bezahlende Laie, denken sich auch als Zuwender der Messe für „eine arme Seele im Fegefeuer" u. a. m.
[4]) Von der Babylonischen Gefangenschaft der Kirche. S. 414.

unmittelbar auf sie richtet; und insofern ist dieser von der Gutheit noch wohl zu unterscheiden, da er eben möglicherweise nur „das Seine sucht". Aber damit eine Handlung gut sei, muss der persönliche selbsteigene Wille sie aus sich hervortreiben, da nur er für sich — und durch keinen anderen vermittelt — auf den göttlichen Willen sich unmittelbar beziehen kann. Innerhalb der guten Handlung also sind „Gutheit" oder Gottwohlgefälligkeit einerseits und eigener persönlicher Wille andererseits nur noch in der Abstraktion und Reflexion, nicht aber an sich zu trennen und zu unterscheiden. Denn es kann eben nichts gut sein, als allein der Wille der handelnden Persönlichkeit. „Da steht jeder Einzelne für sich allein, sein Glaube wird verlangt, jeder soll für sich Rechenschaft geben und seine Last tragen".[1]) Und wir „bedürfen keines Lehrers guter Werke",[2]) der uns autoritativ dies oder jenes geböte, da doch nur der eigene Glaube entscheiden kann. So haben wir gesehen, wie keine Handlung gut ist, die gar keine Beziehung auf den göttlichen Willen hat, weil in ihr der Wille nur das Seine sucht. Und das gilt, gleich viel ob er es unmittelbar darin sucht, ohne Beziehung auf autoritative Satzungen und Gebote, oder mittelbar, wenn er sich durch Autorität schrecken lässt, und Furcht vor Strafe und die Aussicht auf Lohn nur zum Handeln bewegen.

Nun bleibt uns, um unserer eingangs aufgestellten Behauptung noch die letzte Begründung und zugleich Verdeutlichung zu geben, unserer Disjunktion gemäss, nur noch etwas über die wirklich zum Ziel gesetzte Beziehung auf das göttliche Wohlgefallen zu sagen, also, durch die Beantwortung der letzten Frage, unserer Behauptung die letzte Bestätigung von Luther selber geben zu lassen, indem wir fragen: Lehnt Luther nun auch jene Handlung als sittlich wertlos ab, in der zwar die Gottwohlgefälligkeit als Ziel gesetzt ist, aber nicht um ihretwillen als Selbstzweck,

---

[1]) a. a. O. ebenda.
[2]) Sermon von den guten Werken. XX. S. 199.

sondern um eines anderen Zweckes willen, zu dessen Erreichung sie nur als Mittel dienen soll; entspricht also der logischen Konsequenz bei Luther auch die faktische? In der That, so ist es. Denn Herabwürdigung des göttlichen Willens zum blossen Mittel für andere ausser ihm liegende Ziele menschlicher Absichten kam im „guten Werk" der alten Kirche ja mindestens ebenso oft zum Ausdruck, wie die absolute Unpersönlichkeit und vor allem die lediglich autoritative und statutarische Willensbestimmung des Einzelnen. Ja manche sind geneigt, zur Charakterisierung des guten Werks, auf Kosten der Betonung des Persönlichen, in jener Herabwürdigung den eigentlich bestimmenden Faktor im Wesen des kirchlichen guten Werks, ja das kirchliche gute Werk κατ' ἐξοχήν zu sehen. Jedenfalls richtet sich nun Luther faktisch dagegen, mit seiner ganzen ehrlichen Gewalt. Wo die Gottwohlgefälligkeit nur um Huld- und Gunst-Erlangung und nicht um ihrerselbstwillen erstrebt wird, da erkennt er eine Beleidigung, eine Herabwürdigung Gottes. Von Gottwohlgefälligkeit aber kann dann natürlich keine Rede mehr sein, und so erkennt Luther recht deutlich die Eitelkeit und Nichtigkeit dieses Strebens, das sich selbst aufhebt. Das ist darum die „echte Abgötterei", wenn einer „ein gutes Werk gethan, damit er etwas von Gott verdiene". Und „‚die falschen Propheten, die zu euch in Schafskleidern kommen‘, das sind alle, die durch gute Werke, wie sie sagen, sich Gott wohlgefällig machen wollen und Gott seine Huld abkaufen, gleich als wäre er ein Trödler oder Tagelöhner, der seine Gnade nicht umsonst geben wollte." [1]) Die wirklich Frommen suchen — im Gegensatz zu den „Geniesssüchtigen", die nur „sich und nicht Gott suchen" — nur „Gott und nicht sich in allen ihren Werken, Thun und Lassen". Ihr „Glaube des Herzens" sagt: „Ich will nicht das deine: ich will dich selbst haben. Du bist mir nicht lieber, wenn mir übel ist. Es ist billig und recht, dass du wider mich bist, denn du hast Recht über mich

---

[1]) a. a. O. S. 203 ff.

und zu mir und nicht ich über dich."¹) Diese Frommen dienen Gott „allein um seinetwillen und nicht um des Himmels willen, noch um kein zeitliches Ding. Und wenn sie schon wüssten, dass kein Himmel, noch keine Hölle, noch keine Belohnung wäre, dennoch wollten sie Gott dienen um seinetwillen."²) Jene „Geniesssüchtigen", jene selbstischen Menschen aber „lehren sie ihre Werke thun, dass sie der Hölle entgehen und selig werden". Das aber „ist Gott nicht lauter, sondern aus Eigennutz gesucht".³) „Aber die frommen Christen sollen sich mit Fleiss hüten vor solchen altvetelischen Sophisten Märlein", sondern sollen „ohne Lohn oder Geniess Gott suchen, um seiner blossen Güte willen, nichts begehren, denn sein Wohlgefallen".⁴) Die jedoch Gott auf solche Weise suchen, denen wird trotzdem, ja gerade weil sie ihn nicht begehrt, der Lohn nicht ausbleiben. „Der Lohn wird sich selbst finden, dafür nicht sorgend und ohne unser Gesuch folgen. Denn wiewohl es nicht möglich ist, dass der Lohn nicht folge, so wir Gott lauter aus reinem Geiste, ohne allen Lohn oder Geniess suchen; so will Gott dieselbigen Menschen, die sich selbst und nicht Gott suchen, nicht haben, wird auch selbigen nimmer keinen Lohn geben."⁵)

---

¹) Von zweierlei Menschen, wie sie sich in dem Glauben halten, und was der Glaube sei. XXII. S. 132 ff. Diese kurze, aber überhaupt sehr wichtige Abhandlung ist für uns von besonderem Interesse, weil in ihr das Einteilungsprinzip der „zweierlei Menschen" gerade unter dem Zweckgesichtspunkte der Unmittelbarkeit oder Mittelbarkeit der Zweckbeziehung des göttlichen Wohlgefallens gewonnen ist; sodass, wenn auch die begriffliche Formulierung nicht so scharf bei Luther heraustritt, der Sinn der Unterscheidung gar nicht mehr in Frage stehen kann.
²) a. a. O. S. 134.
³) a. a. O. S. 138.
⁴) a. a. O. S. 130. Darauf ist auch von Luthardt zur Charakterisierung des Gegensatzes von lutherischer und römischer Auffassung verwiesen.
⁵) Ebenda.

Da haben wir es wahrlich deutlich genug: Im wahrhaft guten Werke dürfen wir eben nicht die Gottwohlgefälligkeit um unseres selbstischen Vorteils willen im Diesseits oder Jenseits suchen, denn Gott ist kein „Trödler", mit dem man handeln und dingen darf. Ein solches Streben hebt sich, wie gesagt, selbst auf. Wir erreichen ja schon das Mittel nicht, weil sich die Gottwohlgefälligkeit eben nicht als blosses Mittel betrachten lässt. Im Prinzip und Wert unterscheidet sich also dieses Streben nicht im Mindesten von jenem, das von vornherein auf eigenen persönlichen Gewinn gerichtet ist, sondern ist mit ihm Eines und Dasselbe. Denn wir haben im guten Werk eben alles „umsonst" zu thun, wie Gott uns seine Gnade und Huld selbst „umsonst" und ohne Verdienst giebt. Aber das ist in keinem Falle ein gutes Werk, in dem „ein Jeglicher nur das Seine sucht". [1])

Es ist — um hier gleich die Konsequenz zu entwickeln — mit dieser Betonung der Gottwohlgefälligkeit zugleich klar, dass sie nicht nur das Erste ist, was der Mensch erstreben kann, sondern auch das einzig Gute, auf das sein Wille sich richten kann. Denn ausser der absoluten Wertindifferenz, dem „Werk an ihm selbst", bleibt eben für die in Aktion tretende Gesinnung nur die eine Wertalternative: gottwohlgefällig und gut oder gottmissfällig und böse zu sein. Was Gott wohlgefällig ist, sollen wir also thun, was ihm missfällt, sollen wir lassen. Wenn wir hier den Begriff der Pflicht einführen, können wir sagen: Pflichtmässig oder pflichtwidrig, anders kann der Mensch nicht handeln, sofern die Handlung überhaupt einer Wertung fähig und nicht indifferent ist. In notwendiger Konsequenz dazu kann es also keine Handlung geben, die zu vollbringen etwa nicht unsere Pflicht wäre, die aber doch Gott wohlgefällig wäre, und wir sie sozusagen nicht aus blosser Pflicht und Schuldigkeit, sondern vielmehr aus überfliessender, über die Pflicht hinausgehender Gefälligkeit, Liebenswürdigkeit, Gutherzigkeit vollbrächten, oder wie man es sonst nennen mag.

---

[4]) Freiheit eines Christenmenschen. XXVII., besonders S. 191 u. 196.

Denn was wir nach Luther als gottwohlgefällig erkennen, das sollen wir eben thun, das ist unsere Pflicht, und von einer darüber hinausgehenden, überfliessenden, über die Pflicht erhabenen „Gutheit" und Höherwertigkeit kann konsequenterweise keine Rede sein. Die Pflicht ist selbst das Erhabenste: Einheit des persönlichen Willens mit dem göttlichen sowieso und von vornherein. Demnach müsste Luther konsequenterweise den Begriff des Verdienstes, das eben eine über die Pflicht erhabene Handlung sein soll, ablehnen. Und auch diese Konsequenz hat er gezogen. Implizite liegt sie ja schon der Ablehnung des altkirchlichen guten Werkes mit zu Grunde. Aber auch ausdrücklich sagt er: „nullus sanctorum in hac vita sufficienter implevit mandata Dei, ergo nihil prorsus fecerunt superabundans."[1])

Wir haben damit das „gute Werk" im Sinne Luthers nicht bloss dem der alten Kirche gegenübergestellt, sondern es für sich selbst in seinem Wesen erfasst. Und das nicht bloss, wie es sich als eine Konsequenz zu Luthers neuer Glaubensidee und seiner Gegensetzung zu den „Romanisten" und „Papisten", sondern wie es sich in seiner selbsteigens ausgesprochenen Anschauung darstellt. Danach können wir sagen: **Ein gutes Werk im Sinne Luthers ist diejenige Handlung, welche der selbsteigene Wille der Persönlichkeit, allein dem Ausspruch seines freien Gewissens folgend, d. h. in Rücksicht auf den als Selbstzweck gesetzten göttlichen Willen vollbringt, ohne auf menschliche Satzung, auf Menschenfurcht und Menschenlohn, ohne auf eigenen Vorteil und Gewinn Bedacht zu nehmen, und ohne den Anspruch auf Verdienst zu machen.** So bricht er das Gesetz der Autorität, um sich frei und selbständig jenem göttlichen Gesetze unterzuordnen, dessen er inne wird in der eigenen Brust, in dem persönlichen Gewissen.

---

[1]) Vgl. Luthardt, a. a. O. S. 59. Hier ist auch verwiesen auf Löscher, Reformationsakten 2, 276 und Lämmer: Die vortrident. kathol. Theologie des Reformationszeitalters.

Hiermit haben wir den tiefsten Kern jener gewaltigen, befreienden That Luthers in Wahrheit enthüllt, die in der Geschichte der Menschheit nicht nur Epoche machte, sondern faktische Teilung bedingte. Es war nicht nur die Befreiung von jener alles tiefere religiöse sowohl, wie sittliche und ästhetische Gefühl verletzenden Vorstellung, die das persönliche Verhältnis zu Gott eben nur als eine Art von Austausch und Handelsbeziehung dachte, wie sie charakteristisch fürs Judentum[1]) ist. Es war auch die Befreiung

---

[1]) Vereinzelt bricht sich auch hier bei einigen „Propheten" schon eine Vergeistigung des religiösen Verhältnisses Bahn. Und man könnte manches, was diesen Lutherischen Anschauungen verwandt ist, anführen. So Hosea, der Jehova sagen lässt: „Frömmigkeit liebe ich und nicht Opfer, und Gotteserkennen mehr als Brandopfer." Aber das ist eben vereinzelt geblieben und nicht zur Weiterbildung gelangt; charakteristisch bleibt eben fürs Judentum doch der Gesetzesglaube, der in seiner Eigenart Werk- und Opfer-Glaube ist. Und niemals vor Luther ist in der Geschichte der Menschheit die Wendung zur sittlichen Verselbständigung mit der Schärfe hervorgetreten, wie gerade beim deutschen Reformator. Man wird sie ruhig mit Dilthey als Autonomie ansprechen können, ohne dem Sinn der Lutherischen Glaubensidee Zwang anzuthun. Aber gerade darum wird man Dilthey Recht geben müssen, wenn er leugnet, „dass der Kern der reformatorischen Religiosität in der paulinischen Rechtfertigungslehre enthalten ist." (Vgl. unsere Einleitung.) Ich kann mir nicht helfen: trotz Harnack erscheint mir Paulus dem Lutherischen Autonomie-Bewusstsein gegenüber als ein reiner Jude, und im Verhältnis zu der aus dem Autonomiebewusstsein fliessenden Thatenfreudigkeit geradezu contemplativ. Harnack sagt ja selbt (a. a. O. III. 757), „dass es sich nicht um eine Repristination der urchristlichen, paulinischen Stufe handelt, sondern um ein Hinausschreiten über sie zu einer Organisation und einer Bethätigung des innerlich Erlebten in der menschlichen Gesellschaft und deren Ordnung, wie sie das Urchristentum nicht gekannt hat." Insofern glaubt er, mit Dilthey zu einer „Verständigung" gelangen zu können; behauptet aber mit Hinweis auf Röm. 8 und Gal. 5, 6—6, 10, dass „gerade die entscheidendsten Momente, die Dilthey an der höheren Religiosität Luthers als eine Stufe der Entwickelung preist, doch auch schon bei Paulus — freilich nicht in der Entwickelung ihrer Konsequenzen — gegeben" sind. Darum scheint mir Harnack doch Luther nicht ganz gerecht zu

von eitler Menschenfurcht, die uns die Lehre, dass wir keines Lehrers guter Werke bedürfen, brachte, wenn wir nur Gottesfurcht haben. Aber die Grösse der Leistung ist nicht bloss die Abweisung menschlicher Autorität und menschlicher Satzung. In innigster Wechselbeziehung dazu steht jene grosse positive Leistung: „Wir haben wieder den Mut, mit festen Füssen auf Gottes Erde zu stehen und uns in unserer gottbegnadeten Menschennatur zu fühlen." So sieht Goethe die That Luthers an,[1]) und mit Recht. Denn seine grosse positive Leistung ist: das Verweisen des Einzelnen auf seine eigene Brust; der Persönlichkeit ihre sittliche Eigenkraft und Eigenbestimmung zum Bewusstsein gebracht zu haben, ihr zum Bewusstsein gebracht zu haben, dass sie, um mit Schopenhauer zu reden, der Thäter ihrer Thaten ist, dass darum nicht ihm die Thaten, sondern er seinen Thaten den Wert bestimme durch seine Gesinnung, den „Glauben des Herzens." Ebenso schön, wie klar und deutlich verkünden uns diese Freiheit des Geistes jene vom Geiste der Freiheit selbst eingegebenen Worte[2]) Luthers: „Darum sind die zwei Sprüche wahr: Gute fromme Werke machen nimmermehr einen guten frommen Mann, sondern ein guter frommer Mann macht gute fromme Werke. Böse Werke machen nimmermehr einen bösen Mann, sondern ein böser Mann macht böse Werke. Also dass

---

werden und auch Dilthey nicht zu widerlegen. Ich will nicht davon reden, dass es in der Geschichte der Menschheit gar sehr auf die Entwickelung der Konsequenzen ankommt, sondern davon, dass in der That das grossartig Neue, das uns Luther mit der sittlichen Verselbständigung der Persönlichkeit, der Autonomie, wie Dilthey geradezu sagt, gegeben hat, doch nicht bloss als eine paulinische Konsequenz gewonnen ist. Hier liegt etwas prinzipiell Neues, etwas absolut Originelles vor, eine der originellsten Schöpfungen der Menschenseele überhaupt, die selbst die von Harnack herangezogenen Stellen von Paulus in ihrem Originalwerte nicht beeinträchtigen können.

[1]) Gespräche mit Eckermann (Barthelsche Ausgabe II Bd. S. 604).
[2]) Freiheit eines Christenmenschen. XXVII. S. 191.

allewege die Person zuvor gut und fromm sein muss vor allen guten Werken und gute Werke folgen und ausgehen von der frommen guten Person."

Kapitel III.
Die Persönlichkeit und die sittlich-religiöse Gemeinschaft.

Wir haben bisher lediglich die Persönlichkeit für sich und in ihrer eigensten Beziehung auf Gott vermittels der im guten Werk (im Lutherischen Sinne) zum Ausdruck gelangenden Gesinnung kennen gelernt. Nun ist aber die Persönlichkeit hineingeboren in eine Mannigfaltigkeit der irdischen Welt, in Beziehungen zu Menschen und Dingen, mit diesen verwachsen durch tausend unlösbare Fäden und innig vereint. Ihr Thun und Wirken greift also selber ein in diesen Zusammenhang. Wie soll sie dabei nun jenes gestalten? Wie soll sie sich, ihrer höchsten und obersten Bestimmung gemäss, nach der sie all ihr Wollen auf den göttlichen Willen zu beziehen hat, zu dieser irdischen Welt und all ihren Relationen, mit denen doch ihr Wille in Wechselbeziehung tritt, vor allem aber wie zu ihren Mitmenschen, allen anderen Persönlichkeiten, unter denen und mit denen sie selber lebt, verhalten? Man hat gesagt: Wenn Luther von den guten Werken der Kirche nichts wissen will, und alles bei ihm der Glaube sei, da braucht man ja eigentlich nur zu glauben und nichts zu thun. Ein solcher fauler Glaube führe mit absoluter Konsequenz zum Nichtsthun, thatenloser Gemächlichkeit und energielosem Quietismus, ein Einwand, den wir gelegentlich schon berührten, von dem wir aber nur andeuteten, wie gegen ihn die Persönlichkeit Luthers selbst am besten zeuge. Er ist ja auch nach den letzten Ausführungen längst hinfällig geworden, denn wir sahen, es ist ein Unterschied zwischen „Werken" und „Werken" und vor allem: der Glaube

Luthers ist eben nicht bloss ein toter Dogmenglaube, sondern ein lebendiger Herzensglaube, ein sittlicher Gesinnungsglaube, der auch dem Nichtsthun Wert und Unwert bestimmen müsste, wovon wir noch ausführlicher handeln werden. Wie Luther aber, dieser soeben angedeuteten Konsequenz seiner Glaubenslehre gemäss, zur menschlichen Bethätigung in der Welt der Dinge und Persönlichkeiten Stellung nimmt, oder ob und wieweit er die Konsequenz gezogen hat, das bedarf noch einer besonderen Untersuchung. Um diese aber zu einem klaren Ziele zu führen, müssen wir zuerst noch einmal an die letzten Bemerkungen anknüpfen und das Verhältnis der Persönlichkeit zu ihrem Thun darlegen, um dann zu sehen, wie der Einzelne sich zum Einzelnen in der sittlichen Wechselwirkung bestimmt, und endlich, wie er danach eingreift in den Zusammenhang der Allgemeinheit, in der er sich bethätigt.

§ 9.
Thäter und That.

Es ist bereits oft genug darauf hingewiesen worden,[1]) dass Luthers Anschauungen über das Verhältnis des Einzelnen zu Gott nicht bloss „in dem religiösen Interesse des Reformators, ... sondern auch in einer philosophischen Ansicht über das Verhältnis Gottes zur Welt" begründet seien. Und das ist selbst dann richtig, wenn man auch die religiösen Interessen als die erst zur philosophischen Ansicht hintreibende Kraft erkennt. Wie wenigstens Partieen anderer Schriften, so tendiert die Abhandlung ‚de servo arbitrio' („dass der freie Wille nichts sei") sogar ganz in

---

[1]) Recht nachdrucksvoll besonders von Kattenbusch; vgl. Luthers Lehre vom unfreien Willen und von der Prädestination nach ihren Entstehungsgründen untersucht zur Erlangung der theol. Licentiatenwürde an der Georg-Augusts-Universität zu Göttingen von Ferdinand Kattenbusch. Göttingen 1875. Siehe besonders S. 5 ff. Hier ist auch auf Dieckhoff, und mit Einschränkung auf Lütkens und Ritschl verwiesen. Allerdings sind auch hier andere anderer Meinung. So Luthardt in seinem Buch über „Die Lehre vom freien Willen". S. 123 f.

dieser Richtung. Wir wollen und können zum Zweck unserer Untersuchung die ganze metaphysische Vorstellungsweise Luthers hier nicht bis ins Einzelne darstellen, nicht etwa bloss weil da noch vieles strittig wäre, sondern vor allem weil eine ausführliche Erörteruug des Problems der Willensfreiheit uns über den Rahmen unserer möglichst immanenten Untersuchung allzuweit hinausführen müsste. Ganz umgehen können wir aber Luthers metaphysische Ansicht über das Verhältnis von Gott und Mensch nicht, wo wir von der Beziehung zwischen Mensch und Handlung sprechen. Und selbst wenn schon auf den ersten Blick Luthers Metaphysik und seine sittliche Anschauung in einem gewissen Gegensatze erscheinen und auch niemals voll ausgeglichen und in dem antinomischen Verhältnis harmonisch aufgelöst worden sind, so kann, von der Möglichkeit dieses Ausgleichs noch ganz abgesehen, gerade diese gewisse Gegensätzlichkeit zur Verständigung dienen. Von Einzelheiten, selbst den Beziehungen zu Augustins Prädestinationsmetaphysik, mit der Luthers Anschauung zum Teil innige Berührung hat, müssen wir hier ganz absehen. Nur allgemein können wir das centralste metaphysische Interesse berühren. Dieses aber spiegelt sich wider in seinem Gottesbegriff. Dem Reformator kommt es in philosophischer Beziehung — wollten wir ihn lediglich als Theologen oder als Religiösen hier betrachten, so müssten wir natürlich die Gnade in den Vordergrund stellen — vor allem auf die Grösse und Allmacht Gottes an, in der zugleich die absolute Güte, wenn auch dem schwachen Menschenverstande ewig geheimnisvoll, beschlossen liegt. Nun aber fordert gerade das Prädikat der Allmacht: alles Thun und Geschehen in Gott als das allmächtige, allwirkliche und allwirkende Wesen — eben um seiner Allmacht willen, — zurückzunehmen.[1]) „Der Welt Lauf", das ganze irdische Sein ist nur „Gottes Mummerei, darunter

---

[1]) So scheint auch Lenz a. a. O. S. 159 im Gottesbegriff Luthers die Forderung der Willensunfreiheit angelegt zu sehen; ähnlich wohl auch Kattenbusch a. a. O. S. 5.

er sich verbirgt und in der Welt so wunderlich regiert und rumort." [1]) Damit sinkt ihm bald das Einzelne, Wirkliche zur blossen „Larve" herab, hinter der eigentlich Gott alles thut und wirkt. „Wiewohl ers doch durch uns thut, und wir nur seine Larven sind, unter welchen er sich verbirgt und alles in allem wirkt." [2]) So scheint hier jenes metaphysische Fundamentalproblem, wieweit die Wurzeln der Persönlichkeit eben ins Metaphysische reichen, seine Lösung durch den Gottesbegriff erfahren zu sollen, indem Gott ja „alles in allem wirkt." Aber es scheint auch sofort äusserst schwierig, wie damit — nicht, wie Erasmus gemeint hatte, das Gute, sondern — das Böse in der Welt zu vereinbaren sei, im Sinne etwa des Problems der Theodicee. Auf der einen Seite hätte Luther ja einigermassen der voluntaristische Augustinismus, — den mit aller Energie auch der dem Reformator allerdings wenig genehme Duns Skotus gegenüber dem intellektualistischen Aristotelismus und Thomismus vertrat [3]) — über die Schwierigkeit hinweghelfen können. Denn teils hätte Luther dazu leicht die Unerforschlichkeit der göttlichen Ratschlüsse, teils ihre Wertpriorität vor aller Gegenständlichkeit benutzen können, um unschwer weiterzukommen. Das waren ja in der That schon Argumente, die er gegen Erasmus ins Feld führte. Er stützte sich auf den wunderbaren, uns unbegreiflichen, allmächtigen, göttlichen Willen, der nicht an Gut oder Böse derart gebunden ist, dass er das eine thun, das andere lassen müsste, als äussere, über ihm stehende Bestimmungen, der vielmehr Gut und Böse selbst

---

[1]) Auslegung des 127. Psalms. XLI. S. 144.
[2]) Vorrede zur Weissagung Johann Lichtenbergers. LXIII. S. 253 f. Vgl. dazu Luthardt „Ethik Luthers" S. 101, auch „die Lehre vom freien Willen" S. 98; er nennt hier mit Recht diese Vorstellungsweise „die Anschauung von der schlechthinnigen Bedingtheit der Kreatur in ihrem Bestand und Leben durch die allzeit-wirksame Immanenz Gottes in der Kreatur."
[3]) Vgl. Windelband, Geschichte der Philosophie S. 259 ff. und W. Kahl, Die Lehre von Primat des Willens bei Augustinus, Duns Skotus und Deskartes.

erst bestimmt. Aber von der philosophischen Ausnutzung dieser Lehre, um dadurch auch mit dem Bösen in der Welt fertig zu werden, war Luther soweit entfernt, dass er lieber auf der Idee des Teufels und seiner Mitbestimmung des Menschen fusste, wodurch er aber unvermeidlich Gefahr lief, die Macht Gottes selbst zu beschränken, und seine Allmacht eigentlich aufzuheben. Allein für unseren Zweck interessanter ist die Frage, ob und wie er trotz der absoluten, ausserpersönlichen Bestimmtheit des Menschen die Persönlichkeit für ihre That noch verantwortlich machen zu können glaubte, wie er die „Gutheit" der Person, die doch der „Gutheit" des Werkes allewege vorangehen und überhaupt stattfinden muss, damit man noch von sittlich-religiösen Werten zu reden vermag, meinte aufrecht erhalten zu können.

Es kommt uns dabei gar nicht darauf an, ob Luther hier mit sich selbst in durchgängiger Übereinstimmung geblieben ist, wenn wir gleich hier schon betonen möchten, dass es grundfalsch wäre, absoluten Determinismus und die Verantwortlichkeitsidee für unvereinbare Gegensätze auszugeben. Im Gegenteil würde eine systematische Untersuchung diese Synthese für den einzig möglichen ethisch-metaphysischen Standpunkt erhärten können. Um das so kurz, wie möglich anzudeuten, können wir nämlich sagen: Wie in Gott, der „alles in allem wirkt", die Totalität des Handelns und Geschehens beschlossen liegt, so muss im Wesen der Einzelpersönlichkeit eine gewisse Sphäre des Handelns als beschlossen liegend gedacht werden. Denn jede Persönlichkeit handelt in der Reaktion und Relation zur Welt der Dinge ausser ihr nach einer ihrer bestimmten Eigenart bestimmt entsprechenden Weise. Und gerade durch diese Bestimmtheit ist auf der einen Seite der absolute Determinismus, eventuell sogar, im Sinne Luthers, mit der göttlichen Allmacht gewahrt, auf der anderen Seite aber auch die vollständige Verantwortlichkeit, indem eben die Totalität der Persönlichkeit in ihrer Eigenart als ein bestimmtes Wirklichkeitsmoment lediglich eine Wertbeurteilung erfährt, und zwar nach der Richtung, in der sie selbst angelegt, determiniert ist. So wäre es gerade ihre absolute Wesensbestimmtheit, über welche das Werturteil gefällt wird, und, ganz im Sinne Luthers, bestimmte diese Wesensbestimmtheit notwendig die aus ihr folgenden „Werke". Das an dieser Stelle nur angedeutete Problem wollen wir hier weder zu Ende führen, noch es als in ebendieser Schärfe von Luther herausgearbeitet und zu Ende geführt hinstellen. Es sollte ja nur die Verträglichkeit beider Betrachtungsweisen, der deterministischen und der der wertbeurteilenden Verantwortung andeuten. Die Synthese beider bedeutet auch bei Luther, so unvollkommen sie in philosophischer Beziehung vollzogen sein mag, zugleich eine gewaltige moralische Vertiefung und eine Erhöhung des Wertes der Persönlichkeit, nicht aber deren Erniedrigung. Denn gerade darum kann er anstatt in das Äussere des „Werkes" den sittlich-religiösen Wert in das Innere, den Charakter des Menschen zurücknehmen. Nicht weil dieser so oder so nach Aussen handelt, ist er gut oder böse, sondern weil er so oder so ist (bestimmt ist). Und nur weil er so oder so ist, handelt er auch so oder so.

Wir haben damit schon gleichsam über Luther hinausgewiesen. Aber nun werden wir ihn selbst um so leichter und besser verstehen. Er selber hat ja, wie wir längst erkannt haben, den Wert der Handlung von dieser in das Wesen der Persönlichkeit zurückgenommen, indem er ihn abhängig macht, lediglich von der Gesinnung und dem inneren festen Glauben, dass er „Gott gefalle." Damit hat er implizite, nur nicht ausdrücklich, und ohne es abstrakt-begrifflich auszusprechen, jene von uns angedeutete doppelte Betrachtungsweise schon praktisch angewandt. Nun brauchen wir ja auch schliesslich nicht mehr besonderen Wert darauf zu legen, wie er sich die Determinierung im Einzelnen denkt, wie etwa, dass Gott nur zum Guten bestimme, und dass diese Determinierung und die durch sie bestimmten Menschen gut seien; dass „Satan" zum Bösen bestimme, und die von ihm bestimmten Menschen böse; oder, um auch hier noch die Allmacht Gottes zur Geltung zu bringen, dass diese zweite Determinierung von Gott erst müsse nicht bloss zugelassen, sondern selbst angeordnet sein, sie also mit Rücksicht auf den allgütigen Gott, der ja nicht von Gut und Böse bestimmt wird, sondern Gut und Böse selbst bestimmt, gut mit Rücksicht auf die determinierten Wesen böse sei.[1])

Allein diesem rein implizite gemachten Unterschiede der Betrachtungsweise können wir jetzt doch noch etwas an die Seite stellen, das den Eindruck einer Unterscheidung explizite nicht verfehlen kann. Wir hatten ja gesehen, wie sehr Luther immer betont, dass „die Person das Erste und das Werk das Zweite sei."[2]) „Wir suchen", sagt er, „hier den, der nicht gethan wird, wie die Werke, sondern den **Selbstthäter und Werkmeister**, der Gott ehrt und die Werke thut."[3]) Wichtig ist es, „**dass allerwege die Person zuvor gut und fromm sein muss und gute Werke folgen und ausgehen von der frommen und guten Person**."[4]) So wird der Charakter mit aller Schärfe nicht bloss als eine Wirklichkeitseinheit, sondern auch als der Faktor der sittlichen Weltordnung gefasst, der aus sich das Handeln hervortreibt mit ureigenster Bestimmtheit. Und zugleich ist er selbst in einen übersinnlichen Urgrund zurückgenommen, in dem seine tiefsten Wurzeln ruhen. Denn „ein jeglicher Christenmensch ist zweierlei Natur, geistlicher und leiblicher."[5])

Diese Unterscheidung von zweierlei Natur ist ja leider nicht genügend fruchtbar und für die Freiheitslehre nutzbar gemacht worden. Dazu hätte eben Luther mehr Philosoph sein müssen, als er es war. Dass er die Unterscheidung aber überhaupt trifft,

---

[1]) Luthardt wendet in seiner „Lehre vom freien Willen" S. 127 auf diese lutherischen Gedanken die bekannte, gerade in der letzten Rücksicht äusserst glückliche Wendung an: „**Nicht Böse, aber Böses thut Gott**"; da in ihn, wie alles Thun und Geschehen, so auch das Böse zurückgenommen werden müsse.

[2]) „Er wird nicht müde, diesen Satz in immer neuen Wendungen zu wiederholen", sagt Luthardt, vgl. „Ethik Luthers" S. 23.

[3]) Freiheit eines Christenmenschen. XXVII. S. 184.

[4]) a. a. O. S. 191.

[5]) a. a. O. S. 176.

und die Art und Weise, wie er sie zu der Wertbetrachtungsweise in Beziehung bringt, ist doch nicht so belanglos. Es lässt sich darüber kurz folgendes sagen. Er sieht im Menschen, und zwar für seine Anschauung ganz charakteristischer Weise nur im Christenmenschen[1]) die Vereinigung von zweierlei Natur: der „leiblichen", d. h. sinnlichen und der „geistlichen", d. h. übersinnlichen. Nun kann aber alles „Leibliche", so gross und so viel es auch sei, nie für das „Geistliche" genommen werden. Seiner „Dinge reicht keines bis an die Seele".[2]) Nur nach der „Seele", dem „geistlichen" Wesen des Menschen bestimmt sich aber seines Handelns Wert. Darum kann dieses auch nur als vom „geistlichen" Wesen hervorgetrieben angesehen werden, sobald wir über seinen Wert oder Unwert urteilen. Die Eigenart der Persönlichkeit, wie sie in der Gesinnung zum Ausdruck kommt, in jenem praktischen Glauben der Gottwohlgefälligkeit, giebt die Direktive für alle Wertbeurteilung. So bleibt trotz des Determinismus für die Wertbetrachtung immerhin ein durchaus autogenes Verhältnis — wir wählen diesen Ausdruck mit Absicht — zwischen Persönlichkeit und Handlung, zwischen Thäter und That. Mag letztlich alles Thun in Gott zurückgenommen werden, mag darum auch in letzter Instanz die Persönlichkeit in diesem allwirksamen Urgrund wurzeln, so wird doch jetzt auch in deren übersinnliche, „geistliche" Natur die einzelne That zurückgenommen, um sie aus deren eigenster Wesensbestimmtheit hervorgehen zu lassen.[3]) Denn die

---

[1]) Diese Einschränkung beruht natürlich wieder auf der dogmatischen Beschränktheit Luthers, wie sie sich aus unserem ersten Kapitel (§ 1) von selbst versteht. Dass auch in der zu erwähnenden Gnadenlehre dieselbe Beschränktheit eine grosse Rolle spielt, wollen wir hier gleich mitbetonen, um nicht noch einmal darauf hinweisen zu müssen, zumal es uns ja viel weniger auf solche Beschränktheiten als auf das Bedeutsame und Wertvolle in Luthers Anschauung ankommt.
[2]) Freiheit eines Christenmenschen, XXVII. S. 177.
[3]) Diese eigentümliche Wendung bedeutet entschieden eine grosse Vertiefung gegenüber allen früheren Determinationslehren. Mag im einzelnen bei Luther die Darstellung oft noch so unklar, wirr und kraus sein,

Person trägt ja, nach ihrem eigenen Wert oder Unwert, auch den ihrer That in sich und bestimmt ihn selbst. Das trotz des Determinismus.

Wie sehr es Luther trotz allem Determinismus um die sittliche Eigenkraft der Person zu thun ist, das zeigt besonders seine Gnadenlehre:

Wie vorhin alles Thun und Geschehen in Gott, der „alles in allen wirkt," zurückgenommen und die Unfreiheit der Kreatur überhaupt gelehrt wurde, so wird jetzt vornehmlich alles Gute in Gott, der ja selbst absolut gut ist, zurückgenommen und im besonderen das Unvermögen des Menschen zum Guten behauptet. Nur die Anlage zum Guten ist in ihm vorhanden, und auch die hat Gott gewirkt. Aber der Mensch ist nicht einmal aus sich heraus fähig, diese Anlage zu entwickeln, und so ist er überhaupt nicht zum Guten fähig. Diese Fähigkeit ist ihm verloren gegangen durch die Erbsünde, und so hat das Böse Macht über ihn gewonnen.[1]) Soll er sich aufschwingen können, so muss er nämlich völlig neu wiedergeboren werden. Dazu bedarf er aber der göttlichen Gnade, durch welche die Determinierung durch Satan zum Bösen wieder aufgehoben wird.

Was aber nun für Luthers Bemühen um die Verselbständigung der Person sehr bezeichnend ist, das ist die Forderung, dass die Person sich für die Gnade empfänglich machen, ihr ent-

---

und mag er seine Anschauung auch nie auf ihre kritische Möglichkeit hin geprüft haben, die Anschauung selbst bedeutet entschieden eine Vertiefung. Denn trotz der Abhängigkeit des Menschen als Kreatur von Gott, bleibt ihm die sittliche Unabhängigkeit von aller anderen Kreatur gewahrt.

[1]) Darum gilt, wie Kattenbusch a. a. O. S. 10 sagt, vom Menschen immer nur: „entweder—oder; ist er nicht Gott dienstbar, so dem Teufel und umgekehrt." Es ist hier sehr richtig auf de servo arbitrio S. 199 (Lutheri opera varii argumenti ad Reformationis historiam imprimis pertinentia) verwiesen, mit der charakteristischen Stelle: „Si Deus in nobis est, Satan abest, et non nisi velle bonum adest; si Deus abest, Satan adest, et non nisi velle malum in nobis est"; u. a. m.

gegenkommen solle.¹) Und so wird auch hier ihre selbständige Aktivität wieder statuiert.

So hat Luther auf der einen Seite den Menschen absolut abhängig gemacht von der Gottheit und gerade dadurch ihn aller anderen Kreatur gegenüber verselbständigt, auf der anderen Seite ihm sogar eine gewisse Selbständigkeit der göttlichen Gnade gegenüber zu wahren gesucht.

§ 10.
Die unendliche Wirkungssphäre des Einzelnen im Leben.

Die That des Einzelnen bleibt diesem allein sittlich anrechenbar, und er ist vermöge der „Geistlichkeit", nicht der „Leiblichkeit" seiner Natur, infolge seines Charakters dafür verantwortlich. Ihr Wert und Unwert richtet sich nach der Gesinnung des Thäters. An der ethischen Wertung wird durch die religionsphilosophische Deutung nichts geändert: Mag dem Religiösen auch Alles, in Sonderheit das Gute ableitbar erscheinen aus dem allwirksamen und allgütigen Gotte, so bleibt trotz der Erkenntnis dieser höchsten Ursache doch des Einzelnen sittlicher Wert gewahrt. Und überall wo er sich bethätigt, kann er sich wertvoll bethätigen, und er kann sich überall bethätigen.

Indes ist diese Behauptung, dass er sich überall bethätigen könne, nicht zu gewagt? Wenn schon der metaphysischen Abhängigkeit keine ethische Unselbständigkeit entsprechen soll, muss dann nicht wenigstens einer reinen Gesinnungsethik äussere Passivität, Teilnahmslosigkeit dem lebendigen Leben gegenüber entsprechen?

Das ist der alte, auch in unserer Untersuchung längst berührte Vorwurf, der sogar heute noch nicht verstummt ist. Luther selbst war sich dessen wohl bewusst, wie wenig ihn der Vorwurf treffe, „dass wir müssig gehn oder übel thun" müssten,²) seiner

---

¹) Vgl. dazu auch Luthardt: Die Lehre vom freien Willen. S. 100.
²) Freiheit eines Christenmenschen. XXVII. S. 181 ff.

Lehre gemäss, weil ja selbst der „Müssiggang in des Glaubens Übung und Werk geschehen müsste."[1]) Wieder setzt er hier mit seiner zweifachen Natur des Menschen ein und betont: Der Wert alles Handelns und Thuns liegt nicht in eben diesem Handeln und Thun selbst, sondern im Glauben, d. h. in der Gesinnung des Menschen, aus der Handeln und Thun fliesst. Wenn darum auch nur die geistliche Natur des Menschen der Wertbeurteilung fähig ist, so heisst das aber nicht, dass „der Leib nun faul und müssig" bleiben dürfe. Im Gegenteil lehrt Luther ausdrücklich: da der Mensch auch leiblich sei, „da heben nun die Werke an".[2]) „Denn der Mensch lebt nicht allein in seinem Leibe, sondern auch unter Menschen auf Erden," denen er „diene und nütze sei".[3]) Und überhaupt „weil der Mensch lebt und seiner Glieder mächtig ist, so muss er ja auch etwas thun und kann so wenig ohne Werke sein, so wenig er ohne stetigen Odem und Regung des Herzens leben kann."[4]) Und „weil denn das menschliche Wesen und Natur keinen Augenblick sein mag ohne Thun oder Lassen, Leiden oder Fliehen (denn das Leben ruht nimmer, wie wir sehen) wohlan, so hebe an wer fromm sein will und voll guter Werke werden, und übe sich selbst in allen Leben und Werken zu allen Zeiten an diesem Glauben; lerne stetiglich Alles in solcher Zuversicht thun und lassen, so wird er finden, wieviel er zu schaffen hat und nimmer müssig werden darf, weil der Müssiggang auch in des Glaubens Übung und Werk geschehen muss."[5]) Das aber heisst: der Mensch steht inmitten einer Welt von Dingen, auf die er handeln soll. Vor allem aber steht er inmitten einer Welt von Menschen, die geistig-leiblicher Natur sind, wie er, auf die in erster Linie sein Handeln sich erstrecken soll, nur so, dass er den „innerlichen" Menschen am „äusserlichen" zum Ausdruck und

---

[1]) Sermon von den guten Werken. XX. S. 206 f.
[2]) a. a. O. S. 189.
[3]) a. a. O. S. 195.
[4]) Kirchenpostille I. S. 162.
[5]) Sermon von den guten Werken. XX. S. 206 f.

zur Geltung bringe, damit der „äusserliche" Mensch „dem innerlichen Menschen gehorsam und gleichförmig werde".[1]) Mag dadurch der äusserliche Mensch nicht etwa selbst gut werden mit seinen Werken, sondern gut allein sein und bleiben der innerliche Mensch, der Wille, der die Werke wirkt „aus freier Liebe, Gott zu gefallen,"[2]) so ist damit doch der äusserliche Mensch ein Werkzeug des innerlichen, und damit Gottes selbst, und erhält mit seinen Werken einen Wert durch Übertragung.

Dem einstigen Mönche hat sein Klosterleben den Sinn für das lebendige Leben keineswegs verkümmern können oder gar zu zerstören vermocht. Denn scheint der Reformator nicht gerade und ausschliesslich dadurch, dass er den Menschen zu befreien sucht von dem äusseren Zwang einzelner statutarischer Gebote der Autorität, dass er ihn ganz und gar auf sein Inneres, seinen ureigenen „Glauben des Herzens" verweist, ihm die ganze Welt für seine sittliche Bethätigung erobern zu helfen? Je weniger der Einzelne durch Autorität äusserlich gezwungen und gehalten ist, dieses oder jenes einzelne Bestimmte zu thun, desto eher kann er alles zum Gegenstande seiner sittlichen Bethätigung machen, kann er alles, um mit Luther selbst zu reden, durch seinen lebendigen Glauben, seinen persönlichen, sittlichen Willen auf den göttlichen Willen beziehen. Die ganze Welt erhält dadurch ein höheres Leben, eine höhere Weihe, sie wird belebt und geweiht durch den sittlichen Willen der Persönlichkeit, die sie ergreift, um in ihr und auf sie zu wirken. Das Kleinste, wie das Grösste in der Welt erlangt dadurch eine ganz neue Bedeutung, dass es der Gute auf den göttlichen Willen beziehen kann, indem er es zum Inhalte seines eigenen guten Wollens macht. Denn eben dadurch macht er es, wie sich selbst, zum Werkzeug in Gottes Hand, wie wir vorhin sagten.

Das ist in der That die befreiende Wirkung des reinen, nicht durch äussere Autorität bestimmten, Gesinnungsglaubens.

---

[1]) Freiheit eines Christenmenschen. XXVII. S. 189 f.
[2]) Ebenda.

und Luther ist sich der verlebendigenden Wirkung des Herzensglaubens auf die Wirklichkeit gar wohl bewusst: Es kann „ein jeglicher selbst merken und fühlen, wann er gutes und nicht gutes thut: findet er sein Herz in der Zuversicht, dass es Gott gefalle, so ist das Werk gut, wenn es auch so gering wäre, wie einen Strohhalmen aufheben. Ist diese Zuversicht nicht da, oder zweifelt er daran, so ist das Werk nicht gut, ob es schon alle Toten auferwecke und der Mensch sich verbrennen liesse." [1]) Indem aller äussere Erfolg und Schein schwindet, und aller moralische Wert ins Innere des „Herzens" verlegt wird, geht auch aller äussere Wertunterschied des Werkes verloren, und der Mensch kann sich überall, wo es auch sei, in den Dienst des Guten stellen. „In diesem Glauben werden alle Werke gleich und ist eins wie das andere; es fällt ab aller Unterschied der Werke, sie seien gross oder klein, kurz, lang, viel oder wenig. Die Werke sind nicht um ihrentwillen, sondern um des Glaubens willen angenehm." [2]) So eröffnet Luther der sittlichen Bethätigung ein unermessliches Feld.

Wie er seinen Widersachern auch heute noch auf ihren Einwand, der Glaube ohne die Werke sei tot, entgegenhalten könnte, dass sie ihn gar nicht treffen, da er ja selbst den rein-theoretischen inhaltlichen Glauben ohne den praktischen Glauben für wertlos und nur „einen Schein des Glaubens" halte, dem erst aus dem Herzen Leben fliessen müsse, so könnte er nun ihnen sagen: alle ihre guten Werke seien tot, ohne den lebendigen „Glauben des Herzens". Und nur von ihm fliesse die reichste Fülle des Lebens auch auf die Werke. Anstatt, dass er Thaten verbiete oder auch nur die sittliche Thätigkeit beschränke, rufe er sie hervor. Er sei das lebendigste, am meisten lebenweckende Element in der Seele des Menschen, ja das Prinzip alles sittlichen Lebens. Und wörtlich sagt er: „Es ist ein lebendig, schäftig,

---

[1]) Sermon von den guten Werken. XX. S. 198.
[2]) a. a. O. S. 199 f. Vgl. auch oben § 6 und § 7.

thätig, mächtig Ding um den Glauben, dass unmöglich ist, dass er nicht ohne Unterlass sollte Gutes wirken. Er fragt auch nicht, ob gute Werke zu thun sind, sondern ehe man fraget, hat er sie gethan und ist immerfort im Thun." [1])

Damit ist in der That nicht bloss ein Prinzip des sittlichen Lebens überhaupt, sondern auch des sittlichen Fortschritts im Leben gewonnen, mag das Luther auch wieder nicht mit begrifflicher Bündigkeit ausgesprochen haben. Es liegt indes analytisch schon in der schroffen Gegenüberstellung von Glaube und Werk, denn das ist dieselbe Unterscheidung, wie jene, die dem Willen den Willensinhalt gegenüberstellt. Luther ist darum in gewissem Betracht längst hinaus über jene ethischen Theorieen, die auf den Willensinhalten meinen ihre Systeme basieren zu können. Auch tritt in seiner Anschauung das mehr historische Verständnis bereits ausdrücklich hervor, dass die Willensinhalte, die „Werke an sich" direkt unsittlich werden können, also einer über ihnen stehenden Instanz bedürfen, die über ihren Wert und Unwert erst selbst entscheidet. Wir meinen nicht bloss, dass dieser Relativismus, wie wir heute sagen würden, die Überzeugung von der Relativität der sittlichen Inhalte implizite in seiner Grundanschauung liege und aus ihr sich ableiten lasse. Das versteht sich von selbst. Nein! ausdrücklich finden wir, wenn auch nicht abstrakt und nur gelegentlich, von ihm ausgesprochen, dass Sitten und Bräuche zu bestimmten Zeiten gut gewesen sein mögen, ohne es aber für alle Zeiten zu bleiben und zu sein, sodass der geschichtlich-sittliche Fortschritt über sie rücksichtslos hinweggeht. Und das Recht dazu kann er doch nur aus dem praktischen Glauben, der über seinen Inhalten steht, abnehmen. So sagt Luther z. B. gelegentlich seiner Meinungsäusserung über das „Heiligenerheben": „Ob schon Heiligenerheben vor Zeiten gut gewesen wäre, so ist es doch jetzt nimmer gut, gleichwie viele Dinge vor Zeiten gut gewesen sind und doch nun ärgerlich und

---

[1]) Vorrede auf die Epistel St. Pauli an die Römer. LXIII. S. 125.

schädlich, als da sind Feiertage, Kirchenschatz und Zierden."[1]) Hier ist doch die Relativität der Gutheitsinhalte (sit venia verbo) in Rücksicht auf Sitten und Bräuche der Kirche schon mit unmissverständlicher Deutlichkeit ausgesprochen. Und dann ist die Reformation selbst nicht der beste Beweis durch die That für diese Anschauung Luthers?

Welche gewaltige Wirkung diese Anschauung haben musste, ist klar: Dem Menschen ward es zum Bewusstsein gebracht, dass er, immer und überall, wann und wo es auch sei, Gott dienen könne. Er musste darauf geführt werden, dass das wirkliche Leben in seiner ganzen Fülle Bethätigungsgebiete in sich befasse, für die er selbst geeigneter wäre, als andere Menschen, und die für ihn wiederum auch geeigneter wären, als andere Bethätigungsgebiete, dass manches Alte überlebt und neues Leben auf neuem Boden erstehen müsse.

Wie sehr Luther das an sich und seiner eigenen Entwickelung erlebt hat, ist genugsam bekannt. Seine Stellung zum Ordenswesen zeigt es deutlich. Nicht etwa, weil es ihm bloss nicht behagt hätte, erklärt er es für wertlos. Wer wüsste nicht, welche Seelenkämpfe er zu bestehen hatte, wie wenig die Fragen nach blossem Behagen oder Unbehagen hier mitzureden hatten, sondern allein der Wert oder Unwert der Sache vor dem Richtmass seines Gewissens! Und nur unter dem Gesichtspunkt des sittlichen Wirkens im lebendigen Leben erhebt sich vor ihm das Problem des Berufs, der, wenn er wohl verstanden wird, ja nichts anderes, als das sittliche Auswirken der persönlichen Eigenart bedeutet. Der Reformator nimmt zu diesem Problem eingehend Stellung; und zwar mit bedeutsamer Unabhängigkeit von seinen rein-theologischen Vorstellungen und vom Evangelium sieht er in ihm mehr eine natürliche Verknüpfung des Gottesreichs mit dem

---

[1]) Sendschreiben an den christlichen Adel deutscher Nation. XXI. S. 383 f.

Weltreich, durch die „die Welt voll Gottesdienst" sein kann,[1]) indem jede Persönlichkeit unablässig, nach Gottes Wohlgefallen, und mit sich selbst in Übereinstimmung wirken kann.

So führt der reine Herzensglaube bei Luther zu einer wahrhaft sittlichen Thatenfreudigkeit der Persönlichkeit in der rechten Erkenntnis der Lebensfülle des wirklichen Daseins, bei allem Wandel und Wechsel seiner Inhalte, die selbst eine überzeitliche Dauer erhalten durch die in einem pflichtvoll erfassten Berufe wirkende sittliche Gesinnung.

§ 11.

Der Einzelne und der Nächste.

Wir sind mit den letzten Fragestellungen bereits einer neuen Frage nahegekommen. Wir sahen: unser Wirken in der Welt richtet sich ja nicht auf eine tote Wirklichkeit und ist auch nicht allein bestimmt von dem schaffenden Willen des einzelnen thätigen Menschen, sondern greift ein in das lebendige Leben der Menschheit selbst, in das geschichtliche Werden und Wirken der Gesellschaft. Darum tritt der Einzelne immer in den grossen geschichtlichen Zusammenhang seines Geschlechts. Wird ihm also die Bethätigung überhaupt angemutet, so ist er damit zugleich in den Dienst der menschlichen Gesellschaft gestellt, bestimmt, seinem Mitmenschen, seinem Nächsten zu dienen. Und so können wir hier nun weiter fragen: denkt sich Luther diesen Nächstendienst durch ein bestimmtes Prinzip begründet und geregelt, und durch welches?

Nur auf diese ganz allgemeingestellte Frage wollen wir eine Antwort geben. Da wir ja nicht seine Sittenlehre im Einzelnen darzustellen suchen, sondern nur die prinzipiellsten seiner Anschauungen kennen lernen wollen, so mag auch hier diese allgemeinste und prinzipiellste Betrachtung genügen, obwohl der Reformator sich hier in der That bis ins Einzelnste Rechenschaft zu geben

---

[1]) Vgl. dazu Luthardt „Die Ethik Luthers". S. 92.

versucht und in manchem durch eine glänzende Wandelschaffung — denken wir nur an seine Ideen von Staat und Familie — historisch bedeutsam geworden ist.

Das Prinzipielle, auf das es uns hier ankommt, um seine Anschauungen über das Verhältnis von Mensch zu Mensch zu verstehen, ist die christliche Grundforderung, die er an jeden stellt, um alle mit einander zu einen. Es ist die Forderung der Liebe, in der er das einigende Band von Mensch zu Mensch, vom Einzelnen zum Nächsten sieht. Aber es ist doch etwas ganz Anderes um die Forderung dieser Liebe bestellt, als man gemeiniglich glaubt, und als mancher Frömmler sich träumen lässt, dessen Bemühen um diese missverstandene Tugend ihn zu einer trauriglächerlichen Figur macht.

Die Forderung ist nicht neu: „du sollst deinen Nächsten lieben als dich selbst." Jesus hatte sie der Welt verkündet. In Worten hatte sie die alte Kirche festgehalten. Aber Luther ist wohl der Erste, der sich darüber klar wird, was Jesu Gebot von der Liebe bedeutet, und wie himmelweit sie von der Liebe verschieden ist, die wir schlechthin mit diesem Namen bezeichnen; eben dadurch verschieden, dass sie eine gebotene, geforderte Liebe ist.

Es würde uns höchst thöricht und ungereimt vorkommen, wenn an uns der erste Beste herantrete und uns aufforderte: Liebe mich; wir würden ihn wahrscheinlich für nicht ganz zurechnungsfähig ob dieser Forderung halten; und genau ebenso, wenn er verlangte, nicht etwa, dass wir ihn, sondern dass wir irgend einen anderen, den oder jenen, auf den er gerade aufmerksam wird und uns aufmerksam macht, lieben. Wir sagen: einen solchen Menschen würden wir für nicht ganz zurechnungsfähig ansehen, wenn wir das Wort „Lieben" in dem Sinne nehmen, in dem wir es gewöhnlich brauchen, in dem es bedeutet: einer Persönlichkeit um ihrer Eigenart willen, weil sie gerade so ist, wie sie ist, uns durch Neigung verbunden fühlen.

In diesem Sinne wäre das Gebot: Liebe deinen Nächsten eine Absurdität; denn diese Liebe lässt sich nicht fordern, sie lässt sich sozusagen nicht kommandieren. Wir können nichts für diese Liebe, wir können sie in uns nicht erregen und erzeugen, sondern müssen warten, bis jemand ausser uns sie erweckt. Aber nicht jeder ausser uns kann sie erwecken; wir müssen da, sozusagen, wiederum warten, bis der Rechte kommt, der sie in uns wach ruft. Der Zustand des in dieser Weise Liebenden hat also seinen Grund viel weniger in seiner eigenen Aktivität, als er vielmehr an der Person des Geliebten haftet, durchaus bedingt ist durch die Individualität des Anderen. Allerdings muss dafür in dem Liebenden eine gewisse Prädisposition vorhanden sein. Nur ist das Charakteristische, dass diese Prädisposition eben nicht in jedem für jeden angelegt ist, sondern nur für gerade in bestimmter Weise geartete Persönlichkeiten, gewisse Individualitäten, die der Liebende gegenüber der Summe aller übrigen Persönlichkeiten auswählend bevorzugt. Diese Bevorzugung gerade des Einzelnen, gegenüber der Totalität aller übrigen unter dem Begriff des „Nächsten" doch mitbefassten Menschen, ist das unmittelbarste Charakteristikon der Liebe im gewöhnlichen Sinne des Wortes. Diese erstreckt sich nicht auf den „Nächsten" schlechthin, sondern fliesst von einer besonderen Individualität auf den Liebenden ein. Darum muss das Christentum, wenn es nicht etwas Sinnloses hat behaupten und gebieten wollen, den Begriff der Liebe in einer anderen Bedeutung gefasst haben, und diese Bedeutung hat Luther in klarer, unmissverständlicher Weise herausgearbeitet, so dass das christliche Grundgebot nicht bloss einen guten Sinn bekommt, sondern eine wahrhaft zeitlose Geltung erhält.

Denn Luther ist sich des Gegensatzes jener gebotenen Liebe einerseits und der natürlichen Liebe andererseits wohl bewusst. Er fordert ausdrücklich die Individualitätslosigkeit der Liebe, die sich mit dem Gebote des Christentums decken soll, im Gegensatz zu jener ganz und gar individuellen, an die Individualität gebundenen Liebe. Die Nächstenliebe im Sinne Luthers kann auf uns nicht überfliessen von einer Person ausser uns infolge deren Einzigartigkeit. Wir sollen den Nächsten in jener „christlichen" Liebe nicht um seiner individuellen Besonderheit willen lieben, sondern wir müssen diese Liebe aus uns hervortreiben mit selbständiger Eigenkraft, wie jede uns anrechenbare Handlung. Diese Liebe, die gut und geboten ist, muss vollkommen — wir brauchen hier wiederum das Wort! — autogen sein. In der Predigt von der Summe des christlichen Lebens heisst es: „Ein Christ soll seine Liebe nicht schöpfen von der Person, wie die Weltliebe thut". Hier wird die christliche Liebe ausdrücklich der Weltliebe entgegen gesetzt, und weiterhin wird sie als eine „quellende Liebe" bezeichnet, die „von inwendig aus dem Herzen geflossen sein" muss.[1])

Wir können nun nicht mehr im geringsten darüber im Zweifel sein, dass diese „Liebe" mit Liebe im Sinne persönlicher Zuneigung nichts als den Namen gemein hat, in ihrem Wesen aber etwas ganz Anderes, nichts Sinnliches, sondern etwas Sittliches ist. Es ist Luthers tiefste, religiöse Überzeugung, dass der Mensch infolge seiner geistlichen Natur einen Wert darstelle, dem wir dienstbar zu sein haben, das heisst, philosophisch gesprochen, den wir als Gegenstand der Pflicht zu behandeln haben. In der „Freiheit eines Christenmenschen" vereinigt er ja die beiden Bestimmungen, dass ein „Christenmensch" „ein freier Herr über alle Dinge und Niemand unterthan", und doch andererseits „ein dienstbarer Knecht" aller Dinge und Jedermann unterthan sei durch den Hinweis auf die „zweierlei Natur" des Menschen, die „geist-

---

[1]) Summa des christlichen Lebens. XIX. S. 307. Vgl. Luthardt, a. a. O. S. 57, wo es heisst: „Das ist das Charakteristische der christlichen Liebe, dass sie sich nicht von der Person des Anderen bestimmen lässt, sondern von der eigenen Liebe im Herzen." Diese in positiver Beziehung nicht ganz klare Wendung Luthardts wird deutlicher durch die negative Bestimmung der Liebe im Sinne Luthers: Für sie ist „sowohl die natürliche Individualität, als auch die sittliche Beschaffenheit des Anderen kein Beweggrund."

liche" und die „leibliche". Der freie „geistliche" Mensch macht sich freiwillig dienstbar seinen Mitmenschen, und eben weil jeder frei und „geistlich" ist, hat sich auch jeder jedem frei und „geistlich" dienstbar zu machen.[1])

§ 12.
Die Religionsgemeinschaft.

Das Leben, das den Menschen in die unendliche Fülle erlebbarer Wirklichkeit hineinstellt, liefert ihm auch, sahen wir, ein unendliches Material der Pflichterfüllung, eröffnet ihm ein unermessliches Feld, auf dem er Gott dienen kann. Und der Nächste stellt sich ihm dar als Gegenstand seiner sittlichen Behandlung, gegen den er Pflichten zu erfüllen, dem er zu dienen hat, um damit zugleich Gott selbst zu dienen. Es hätte nun nahe gelegen, dass Luther dieser Auffassung gemäss die Vereinigung aller zu solchem Gottesdienst bereitwilligen Menschen als eine grosse religiöse Gemeinschaft angesehen hätte. Aber so weit war Luther doch noch nicht gelangt. Er blieb noch sehr am Überlieferten hangen, und vor allem am Dogmatischen, und doch hat er der Freiheit auch hier gar sehr die Wege geebnet. Er hätte, worauf auch Lenz hinweist,[2]) am liebsten ohne alle „Geberden und Kleider"[3]) Gott dienen wollen, d. h. ohne äussere, statutarische Konventionen des Kirchenkults. „Aber er sah," fügt Lenz[4]) treffend hinzu, „dass solche Ideale der Wirklichkeit nicht entsprächen und deshalb für bessere Zeiten zu verschieben und allmählich anzubahnen wären." Denn nur „um ‚der Einfältigen und

---

[1]) Vgl. dazu auch den vorigen Paragraph.
[2]) a. a. O. S. 180.
[3]) Freiheit eines Christenmenschen. XXVII. S. 184.
[4]) Lenz ebenda. — Bei Luther im gr. Katechism. S. 401 heisst es: „Ceterum, ut hinc christianum aliquem intellectum hauriamus pro simplicibus, quidnam deus hoc in praecepto a nobis exigat, ita habe: Nos dies festos celebrare non propter intelligentes et eruditos christianos, hi enim nihil opus habent feriis. Vgl. Harnack, a. a. O. III. S. 746.

des jungen Volkes' willen, müsse man überhaupt lesen, singen, predigen, schreiben und dichten."

Die historische Zeitlage also machte den Gebärdendienst nötig, d. h. den kirchlichen Kult, damit die junge Kirche sich gegenüber der alten mächtig und nachdrucksvoll behaupten konnte. Die „Einfältigen", das junge Volk vor allem, sie werden auch immer des Äusserlichen und Sinnfälligen bedürfen; so etwas, wie eine konfessionelle Anstalt, wie wir mit einem modernen Worte sagen können, brauchen, und äussere Zeichen nötig haben, um sich zusammenzufinden.

Zu diesen historischen Erwägungen, die Luthers Dogmatisierung und dogmatische Fixierung eines Glaubensinhaltes für die junge Kirche verstehen lassen, eines Glaubensbekenntnisses, das sich stark genug mit dem alten in Übereinstimmung befindet, kommt noch ein mächtiger persönlicher Erklärungsgrund: Luthers dogmatische Persönlichkeit, sein ganz und gar dogmatisch angelegter Charakter selbst.[1])

Wir haben ja bereits hervorgehoben, wie er das „Wort Gottes", als für alle bindend ansieht, und wie es ausser der durch dieses „Wort" begründeten Kirche auch für ihn keine „Seligkeit" giebt. So wiederholt sich historisch das Tragische, das wir in der Persönlichkeit des Stifters der jungen Kirche antreffen, in dieser seiner Schöpfung selbst: Ursprünglich zur Freiheit bestimmt, wird sie durch geschichtliche Notwendigkeit und durch persönliche Absichtlichkeit in dogmatische Bahnen gedrängt. Und doch besteht ein grosser Unterschied zwischen dem neuen und dem alten Dogmatismus.

Für den Reformator giebt es eigentlich nur ein Dogma, wenn man so sagen darf, die allumfassende Schrift; mag es immerhin gerade sie sein, die andere Dogmata involviert. Da aber jeder nach seinem eigenen rechten Verstande die Schrift verstehen kann, er also keiner Autorität für das Schriftverständnis

---

[1]) Vgl. oben S. 21 ff.

bedarf, so bleibt, bei aller Autorität der Schrift selbst, bei allem an ihr haftenden Dogmatismus, doch wenigstens die Freiheit der Auslegung gewahrt und damit dem Einzelnen auch innerhalb der Kirche seine Selbständigkeit kirchlichen Autoritäten gegenüber gesichert. Denn solche kirchliche Autoritäten fallen damit einfach fort.

Aber noch weiter ringt sich in Luthers starker Persönlichkeit der Drang nach Freiheit in religiösen Dingen durch: Ihm ist „an der äusserlichen Ordnung nichts gelegen."[1]) Weit entfernt, dass sie ihm irgendwelchen Selbstzweck habe, oder dass ihm die kirchliche äussere Gemeinschaft, wie sie das nach der alten Auffassung ist, als das Wesen der Religion selbst erscheine, hat sie ihm nicht einmal religiösen Wert auch nur in übertragener Weise, sondern lediglich erzieherische und nicht ewig bindende Bedeutung. Sie ist ihm lediglich Mittel der Menschen, sich gegenseitig zur Vervollkommnung — da ja keiner vollkommen ist — zu verhelfen, und kann bei höherer menschlicher Vollkommenheit durch andere Ordnungen ersetzt werden. Wiederum nicht bloss der grossartige religiöse Freiblick, sondern auch der grosse historische Weitblick, wie er konsequenterweise eben nur dem möglich ist, der sich frei gemacht hat von aller Autoritätsfurcht inhaltlicher Sittenkonvenienz und sich ganz und gar gestellt hat auf ein freies gutes Gewissen seiner eigenen freien Persönlichkeit! „Vor allen Dingen," so heisst es wörtlich bei ihm,[2]) „will ich gar freundlich gebeten haben, auch um Gottes willen, alle diejenigen, so diese unsere Ordnung im Gottesdienste sehen oder nachfolgen wollen, dass sie ja kein nötig Gesetz daraus machen, noch jemandes Gewissen damit verstricken oder fahen, sondern der christlichen Freiheit nach ihres Gefallens brauchen, wie, wo, wann, und wie lange es die Sachen schicken und fordern."

---

[1]) Deutsche Messe und Ordnung des Gottesdienstes zu Wittenberg fürgenommen 1526. XXII. S. 228.
[2]) a. a. O. S. 227.

Ein wunderbares, hochbedeutsames Wort! Hier liegt klar und deutlich ausgesprochen einerseits die zeitlich-historische Relativität der Geltung der statutarischen Ordnung und damit die Freiheit der Persönlichkeit von irgend welcher Bindung durch diese Ordnung. Ein neues Ideal der religiösen Gemeinschaft ist hier wenigstens angedeutet. Der Kultus als integrierender Faktor der religiösen Gemeinschaft ist gestürzt; es bleibt nur ein wahrer Gottesdienst übrig: der der sittlichen Bethätigung des Herzensglaubens im Leben. Nur er hat Wert an und für sich, und höchstens um den Menschen zu diesem einzig würdigen Gottesdienst heranzubilden und zu erziehen, also als blosses Mittel zu dem höheren Zweck erscheint hier Kult und Ordnung. Damit ist in der Kirche jene unwürdige Unterscheidung von Volk und Priestern zerstört. Jedermann aus dem Volke ist zugleich Priester, der Gott im Glauben dient. Der wahre Wert dieser Gemeinschaft verlor an Sichtbarkeit, sobald er an Äusserlichkeit verlor, und da das Äusserliche eben nicht mehr als wahrer Wert galt, konnte als charakteristisches Merkmal der Kirche auch nicht mehr die Sichtbarkeit gelten. Die wahre Kirche, oder wenigstens ihr zu verwirklichendes Ideal kann nur etwas Unsichtbares, Innerliches sein.

Luthers Ausführungen über die zweierlei Kirchen, die „geistliche" und die „leibliche" Christenheit zeigen das deutlich.[1]) Es ist hier nun von Bedeutung und Interesse, dass er nicht etwa die neue Kirche für die allein-„geistliche" und die alte mit allen anderen für bloss „leiblich" erklärt. Vielmehr ist er der Überzeugung, dass sowohl im „Romanismus", wie in der neuen Gemeinschaft, ebenso gut „geistliche und innerliche", wie „leibliche und äusserliche" Glieder sein können. Denn die blosse äussere Gemeinschaft, die sichtbare „Gemeinde" „macht nicht einen wahren Christen",[2]) sondern nur der innere Glaube. Die

---

[1]) Vgl. Vom Papsttum zu Rom wider den hochberühmten Romanisten zu Leipzig. XXVII. S. 102 ff.
[2]) a. a. O. ebenda.

christliche Versammlung ist „einträchtiglich im Glauben, wiewohl sie nach dem Leibe nicht an einem Ort mag versammelt werden. Indes wird ein jeglicher Haufe an seinem Ort versammelt. Diese Christenheit wird durchs Recht und durch die Prälaten regiert. Hierzu gehören alle Päpste, Kardinäle, Bischöfe, Prälaten, Priester, Mönche, Nonnen und alle die im äusseren Wesen für Christen gehalten werden, sie seien wahrhaftige Christen oder nicht. Denn obwohl diese Gemeinde nicht einen wahren Christen macht, weil alle die genannten Stände ohne Glauben bestehen können, so bleibt sie doch nimmer ohne etliche, die auch daneben wahrhaftige Christen sind." Diese bilden nun die wahrhafte „geistliche" Gemeinde, in der anderen „leiblichen" Gemeinde. „Die aber ohne Glauben und ohne die erste Gemeinde in dieser anderen Gemeinde sind, sind vor Gott tot, Gleissner, nur wie hölzerne Bilder der echten Christenheit."

Die „Gemeinde" äusserlich betrachtet, oder das, was wir heute etwa Konfession nennen, entscheidet keineswegs also über die „Christenheit" des Gemeindegliedes. Das kann und thut allein der Glaube. Dieser Glaube muss nun wiederum der persönliche „Glaube des Herzens" sein; und könnte recht betrachtet eigentlich nicht der Dogmenglaube sein, da dieser ja das unterscheidende Kriterium der „Gemeinde" ist, also nicht einigendes Band sein kann. Das ist eine Konsequenz, die direkt über Luther hinausweist. Aber nur von ihr eröffnen sich in der That bessere Aussichten auf bessere Zeiten.

In Luthers Idee der Kirche begegnet uns, psychologisch sehr begreiflich, dasselbe Widerspiel, wie in seinem Glaubensbegriff. Er kommt, seinem praktischen Glauben gemäss, in seinen Bemühungen, den Begriff der Kirche klar zu legen, dem Ideale einer überkonfessionellen Gemeinschaft sehr nahe. Auf der anderen Seite vermag er sich infolge seines Dogmatismus nicht vom kirchlichen Konfessionalismus zu befreien, eben weil er den Schriftglauben zur „Seligkeit" notwendig erachtete und darum den „Juden, Heiden,

Türken, Sünder" nicht konnte „fest trauen" lassen, „dass er Gott gefalle."

Sich von dieser Beschränktheit zu befreien, hätte er nur vermocht, wenn er seine Forderung: „Kein Mensch soll zum Glauben gezwungen werden", nicht bloss auf die Schriftauslegung, sondern auf die ganze Bedeutung der Schrift überhaupt angewandt hätte; wenn er diese lediglich einmal auch nur als Inhalt — da ja der inhaltliche Glauben doch selber ein Thun ist, — des praktischen Glaubens angesehen hätte. Es fehlte ja nur ein Schritt zu der Überlegung, dass vielleicht gerade der Mensch, der den inhaltlichen dogmatischen Glauben aufgiebt, dies doch mit der unerschütterlichen Überzeugung der Gottwohlgefälligkeit mit dem lautersten Glauben des Herzens thun könnte. Aber das war eben ein gar grosser Schritt. Denn er hätte die Erkenntnis erfordert, dass Glaubenszwang in jedem Falle, auch dem Schriftglauben an und für sich, nicht bloss seiner Deutung gegenüber, sinnlos ist; dass gerade der reine Herzensglaube durch solchen Zwang unmöglich gemacht werden kann, und er es darum frei haben muss, den Schriftglauben anzunehmen oder abzulehnen.

Nur so wäre auch Luthers Ideal der „geistlichen" Gemeinde logisch möglich. Nur insofern er auf dieses Ideal hinweist, weist er auch auf die Reinigung vom Dogmatismus hin. Aber um auch diese zu vollziehen, dazu war eine absolut neue, kritische Betrachtung erfordert, die Luther nicht leisten konnte. Auf ihr allein lassen sich seine Hoffnungen gründen, mit denen er von besseren Zeiten bessere Aussichten für die Kirche erwartet.

§ 13.
Rückblick.

Wir sind am Ende der Darstellung von Luthers sittlich-religiösen Ideen, soweit sie für uns von Bedeutung und Interesse sind. Der Reformator selbst hat sie in keinem systematischen Zusammenhange dargelegt. Soweit sie in unserer Behandlung systematisch aufgebaut erscheinen, ist dieser Aufbau unser Versuch. Er wird indes geeignet gewesen sein, zu zeigen, dass die einmal gegebenen Gedanken Luthers in gewisser Weise doch einer systematischen Formung fähig sind.

Fassen wir noch einmal knapp in wenig Sätzen alles zusammen, als möglichst einheitliches Resultat, was wir aus den vorangehenden Untersuchungen entnehmen können, so dürfen wir kurz sagen:

Das Bedeutsame an Luthers That liegt in seiner Glaubensidee, die ausser dem theoretischen Fürwahrhalten dogmatischer Sätze die rein-praktische Bestimmungsfunktion des persönlichen Herzensglaubens, der guten Gesinnung in sich schliesst. In diesem ist sowohl ein Glaubensprinzip gewonnen, insofern von ihm auch der theoretische inhaltliche Glaube seinen Wert erhält (mag widerspruchsvoller Weise auch das Wertabhängigkeitsverhältnis wieder umgekehrt werden); als auch ist in ihm ein sittliches Prinzip des Handelns gegeben, insofern von der guten Gesinnung dem Glauben allein, und nicht vom äusseren Werk und Erfolg der Wert der Handlung abhängig gedacht wird. Dieses sittliche Prinzip entrückt auf der einen Seite die Persönlichkeit der Autorität und stellt sie, trotz der auch in ihr thätigen göttlichen Allwirksamkeit, frei und selbständig auf sich selbst und ihre sittliche Eigenkraft. Auf der anderen Seite entrückt sie aber den Wert der Handlung aller individuellen Willkühr. Denn sittliche Selbständigkeit der Persönlichkeit ist noch lange nicht persönliche Willkühr. Wertvoll wird nämlich die Handlung erst durch eine überpersönliche Beziehung, welche die freie sittliche Persönlichkeit selbst vollzieht; durch eine über diese hinausweisende Beziehung auf eine höhere allgemeine Instanz. Diese Instanz ist für Luther der göttliche Wille. Und die Selbständigkeit der Persönlichkeit gründet sich darauf, dass sie den Entscheid darüber, was dieser höheren Instanz des göttlichen Willens gemäss sei, sich nicht durch äussere autoritative Bestimmungen geben lässt, sondern in ihrem eigenen Innern durch den Ausspruch des Gewissens empfängt.

Die Übereinstimmung des persönlichen Willens mit dem göttlichen Willen, und zwar um dessen selbst willen, und aus keinem Grunde sonst, ist das höchste Ziel des menschlichen Handelns. Damit werden abgewiesen als sittliche Bestimmungsmomente alle Motive, die sich jene Einheit und Einstimmung nicht um ihrerselbstwillen zum Ziele setzen, sei es, dass sie von vornherein nichts anderes als die Befriedigung selbstischer Wünsche suchen, dass von vornherein der Mensch nur „das Seine sucht", sei es, dass er es auf dem Umwege jener Übereinstimmung, durch die Vorstellungen von Lohn und Strafe bewogen, begehrt, dass er also das auf der Übereinstimmung seines Willens mit dem göttlichen Willen beruhende Wohlgefallen Gottes nicht in freier Liebe als seines Handelns höchsten und letzten Zweck, sondern als blosses Mittel für seine eigenen selbstischen diesseitigen oder jenseitigen Absichten betrachtet. Ein Gebahren, das sich selbst aufhebt, da ihm die göttliche Wohlgefälligkeit versagt bleibt.

Verwirklichen aber kann der Mensch seine wahre sittliche Aufgabe immer und überall. Die Wirklichkeit und das Leben bieten ihm ein unerschöpfliches Material, an dem sich sein praktischer Herzensglaube bethätigen kann. Er kann es vor allem durch seinen Beruf, der ihn mit der Menschheit ausser ihm verbindet. So kann er dieser in neigungsloser Liebe dienen und darin seinen wahren Gottesdienst erkennen und durch die Verbindung mit dem Nächsten zum gleichen Zweck die grosse, göttliche, religiöse Gemeinschaft bilden.

Der Begriff der Religionsgemeinschaft hat bei Luther noch etwas sehr Schwankendes und Schimmerndes; er ist noch nicht einheitlich gefügt und abgeschlossen. Es ringen in ihm Dogmatismus und persönlicher Freiheitsglaube noch in unausgeglichenem Streite. Aber dieses Ringen ist gerade so bedeutungsvoll, und auf ihm beruht die grossartige historische Wirkung Luthers. Der Dogmatismus, der tief in Luthers Persönlichkeit wurzelt, ebenso tief, wie sein heroischer Freiheitsglaube, ist noch mächtig. Aber auch dieser heroische Freiheitsglaube ist mächtig. Er hat entschieden etwas Überkonfessionelles in der Idee der Kirche angebahnt. Nicht nur der Kult und die Ordnungen waren erkannt als das, was sie sind: als historisch-bedingte und darum historisch überwindbare, überlebbare Äusserungsformen des menschlichen, gemütlichen Bedürfnisses. Es ist selbst eine Überwindung des starren Dogmatismus — allerdings nur im Keime — angelegt, indem auch die verschiedenen „Gemeinden", die sich nicht nur durch Kult und „Ordnungen", sondern auch durch Dogmen unterscheiden, selbst nicht mehr in schroffen Wertabgrenzungen gegen einander gehalten und dem Ideal der einen „geistlichen" Gemeinde gegenübergestellt werden. Was sie aber, da es Dogmen nicht sind, nur zu einen vermag, das kann in letzter Linie doch nur der reine Herzensglaube sein, der sie in dienstbarer Liebe verbindet.

Trotz mancher, oft schroffer Widersprüche im Einzelnen, würden sich so Luthers Anschauungen, wenn der hier in den Boden der Menschheitsgeschichte gelegte Keim in Gemässheit seiner Anlage weiter entwickelt würde, doch als Ganzes einheitlich zusammenschliessen.

II. Teil.
Die ethischen und religionsphilosophischen Prinzipien Kants. — Der Vergleich.

Wir haben Luther einen Vorläufer Kants genannt. In welchem Sinne und welchem Umfange wir ihn als solchen verstehen, haben wir gleich eingangs dargelegt. Nun kennen wir seine Anschauungen. Es bleibt uns, unserer Aufgabe gemäss, nunmehr noch übrig, die Ideen Kants zu entwickeln, soweit wir von ihnen sagen können, sie seien durch die Luthers historisch vorgebildet, um dann durch einen Vergleich die Berechtigung zu erweisen, Luther die Vorläuferschaft Kants zuzueignen.

Kapitel IV.
Das Prinzip der Moral.

In der Einleitung zur Kritik der Urteilskraft, mit der Kant sein System vollendet, zusammenschliesst und krönt, vollzieht er die berühmt gewordene Einteilung der „drei Gemütsvermögen" derart, dass einem jeden derselben eine seiner drei Kritiken entspricht. Dem praktischen Vermögen des Menschen, dem Willen, entspricht die Kritik der praktischen Vernunft. Diese Kritik nun ist das Verfahren, das Prinzip der praktischen Vernunft aufzudecken; sie ist Wissenschaft von der Moral. Nun ist das Verfahren, das etwas finden soll, und das was gefunden werden soll (d. h. Wissenschaft und Gegenstand der Wissenschaft), nicht eines und dasselbe. Und ferner ist zwar in der Konsequenz zur Kantischen Lehre alles Wissen auch Thun, aber nicht ist alles Thun auch Wissen. Deshalb ist auch das Wissen vom sittlichen Handeln mit dem sittlichen Handeln selbst nicht einerlei, und das Prinzip der Moral nicht mit dem Prinzip des Wissens zu verwechseln.¹)

Dass Kant, dem Begründer der kritischen Philosophie, die in ihren letzten und höchsten Instanzen in jeder Beziehung zurückweist auf das Praktische, die Moralphilosophie als praktische Philosophie *κατ' ἐξοχήν* galt, das hat seine tiefe Bedeutung. Damit ist das rein-Praktische absolut eindeutig gegen das Theoretische abgegrenzt; und so auch das Prinzip des rein-Praktischen gegen alle Prinzipien sonst.

Allgemeinheit liegt im Wesen des Prinzips überhaupt. Es bezeichnet nie etwas Einzelnes, sondern ist immer der Ausdruck eines Mannigfaltigen, und zwar eines zur Einheit geschlossenen Mannigfaltigen, also einer Totalität. Was nun unter das Prinzip schlechthin fällt, von dem sagen wir: dass es (irgendwie) ist; was aber unter das rein-praktische Prinzip fällt, von dem sagen wir, dass es sein soll. Darum fasst es nicht eine Sphäre des Seins oder das Sein schlechthin unter sich, sondern das Sollen: nicht was ist, noch was geschieht, sondern was geschehen soll; mithin nicht die unbewusst und blind wirkende Natur, sondern den planvoll wirkenden, vernünftigen Willen und die aus ihm fliessenden Handlungen. Wir haben es mit keinem Seinsprinzip, sondern mit einem Wertprinzip zu thun, das über den Wert oder Unwert der menschlichen Handlungen entscheidet.

Wenn das ethische Prinzip die Kraft dieser Entscheidung haben soll, und wenn an ihm Wert und Unwert unserer Handlungen gemessen werden sollen, müssen wir an ihm eine sichere Richtschnur besitzen, und es muss sich selbst auf einen einfachen Ausdruck bringen lassen.

Kant hat nun die beiden von vornherein nur denkbaren Versuche, es zu bestimmen, erörtert. Der eine hat die Tendenz, das Prinzip aus der Erfahrung zu bestimmen; er erweist sich als

---

¹) Vgl. dazu die glänzende Entwickelung, die Kuno Fischer (Kant, II. Bd. S. 57 f.) vom „moralischen Sinn" giebt.

absurd. Der andere will es aus der Vernunft ableiten. Er allein ist möglich. An dem einen können wir lernen, wie das Moralprinzip nicht bestimmt werden kann. Der andere zeigt, wie allein es bestimmt werden soll.

§ 14.
Die negative Bestimmung des Sittengesetzes.

Es scheint von vornherein denkbar, an der Hand der Erfahrung einen allgemeingiltigen Massstab für das sittliche Handeln gewinnen zu wollen. Wenn man aber näher zusieht und sich bewusst bleibt, was man damit will und meint, so zeigt sich gleich die Unmöglichkeit des Beginnens.

Wir erinnern uns ja, dass das Prinzip der Moral nie ein Sein und Geschehen, sondern lediglich ein Sollen zum Ausdruck bringen muss. Nun zeigt uns die Erfahrung aber immer nur was ist und geschieht, nie jedoch, was sein und geschehen soll. Wir könnten im günstigsten Falle theoretisch ein Naturgesetz entdecken, „nach welchem wir", wie Kant sagt, „handeln zu dürfen Hang und Neigung haben", aber kein praktisches Prinzip, „nach welchem wir angewiesen wären zu handeln, wenngleich aller unser Hang, Neigung und Natureinrichtung dawider wäre." [1] Wir würden uns in der Betrachtungsweise der „empirischen Seelenlehre, welche den zweiten Teil der Naturlehre ausmachen würde, wenn man sie als Philosophie der Natur betrachtet, sofern sie auf empirischen Gesetzen gegründet ist", [2] halten, aber nicht zu praktischen „objektiven Gesetzen" gelangen.

Die psychologisch-genetische Methode wird also streng von der ethisch-kritischen geschieden und für die Begründung eines Moralprinzips für unzulänglich befunden. Wir könnten mit dieser kurzen Bemerkung sofort unsere Untersuchung über das empirische

---

[1] Grundlegung zur Metaphysik der Sitten S. 273 (im IV. Band der 2. Hartensteinschen Ausgabe, nach der ich Kant immer zitieren werde).
[2] a. a. O. S. 275.

Verfahren einstellen, da wir wissen, dass Kant es abgelehnt hat. Nur hat er selbst sich so nachdrucksvoll mit einer Spezies der empirischen Betrachtung, und zwar der einzigen Spezies, zu der diese Betrachtung führt, dem Eudaimonismus, aus einander gesetzt, dass wir uns damit noch etwas eingehender zu beschäftigen haben. Will das empirische Verfahren ein Gesetz finden, nach dem wir erfahrungsgemäss handeln, so muss es auf das Subjekt in seiner Wechselbeziehung zu den Objekten, den Gegenständen der Erfahrung, unter denen es selber ja auch ein Erfahrungsgegenstand ist, achten. Und es lässt sich in der That leicht ein solches Gesetz ausfindig machen. Denn es zeigt sich: „Der Bestimmungsgrund der Willkühr ist alsdann die Vorstellung eines Objekts, wodurch das Begehrungsvermögen zur Wirklichmachung desselben bestimmt wird. Ein solches Verhältnis aber zum Subjekt heisst die Lust an der Wirklichkeit eines Gegenstandes."[1]) Diese „Lust aus der Vorstellung der Existenz einer Sache", deren Begehrung mit dem „Bewusstsein eines vernünftigen Wesens von der Annehmlichkeit des Lebens" einerlei ist, ist die „Glückseligkeit" und das „Prinzip, diese sich zum höchsten Bestimmungsgrunde zu machen, das Prinzip der Selbstliebe".[2])

Die natürliche Motivierung, um deren Aufdeckung es sich für die empirische Betrachtung handelt, wäre die in dem Streben nach Glückseligkeit sich äussernde Selbstliebe. Mit dieser Aufdeckung aber ist gar nichts erreicht. Denn da das Glückseligkeitsstreben Naturgesetz ist, so wäre ein Gebot, nach Glückseligkeit zu streben — alle Moral involiert ein Gebot, also auch die Moral, die die Glückseligkeit zu ihrem Prinzip macht, — überflüssig und darum thöricht, weil, wie gleich gesagt, nicht geboten zu werden braucht, was sowieso geschieht. „Ein Gebot, dass jedermann sich

---

[1]) Kritik der praktischen Vernunft S. 21 f. (IV. Bd. der 2. Hartensteinschen Ausgabe.)
[2]) Ebenda.

glücklich zu machen suchen sollte, wäre thöricht, denn man gebietet niemals jemandem das, was er schon unausbleiblich von selbst will," sagt Kant.[1])

Nun könnte ein Vertreter des Glückseligkeitsprinzips einwenden: für so plump solle man diese Theorie nicht halten. Freilich sei es thöricht, „jemandem das, was er schon unausbleiblich von selbst will," zu gebieten, und ihm darum zu raten, er solle „sich glücklich zu machen suchen". Nein, es komme der Theorie nicht bloss darauf an, dass einer sich glücklich zu machen suche, sondern zu finden, was den Menschen glücklich mache. Das muss sich allerdings von selbst verstehen, da es ja in der Moral immer auf die Verwirklichung des Prinzips ankommt.

Man sieht: die Theorie will und kann nicht rechnen mit der Glückseligkeit überhaupt, als der motivierenden Wechselwirkung zwischen Subjekt und Objekt, sondern mit individuellen Modifikationen jenes Prinzips, d. h. mit konkreten einzelnen Wirklichkeiten. Dann aber rechnet sie mit — irrationalen Grössen. „Es kann von keiner Vorstellung irgend eines Gegenstandes, welche sie auch sei, a priori erkannt werden, ob sie mit Lust oder Unlust verbunden, oder indifferent sein werde."[2]) Das gilt für Kant auf der einen Seite von der Vorstellung irgend eines Objekts, und es gilt deswegen, weil er vom Subjekt weiss: „Worin nämlich jeder seine Glückseligkeit zu setzen habe, kommt auf jedes sein besonderes Gefühl der Lust und Unlust an, und selbst in einem und denselben Subjekt auf die Verschiedenheit der Bedürfnis, nach der Abhänderung dieses Gefühls."[3])

---

[1]) a. a. O. S. 39. Eine ausführlichere Darlegung von Kants Stellung zum Eudaimonismus findet man in meiner Schrift: Glückseligkeit und Persönlichkeit in der kritischen Ethik (Stuttgart 1902 bei Frommann) vgl. besonders § 8.
[2]) a. a. O. S. 22.
[3]) a. a. O. S. 26.

So liegt gerade in der Verschiedenheit der Individualitäten, die uns die erfahrbare Wirklichkeit bietet, mit Notwendigkeit die Verschiedenheit der Lustmotive begründet. Der eine sucht, was der andere flieht. Der liebt den Gegenstand, den sein Nachbar hasst. Was den einen freut, schmerzt den anderen. So verschieden die Menschen von einander sind, so verschieden ist notwendig ihr Begehrungsverhältnis zu den Gegenständen.

Entweder also gebietet die Glückseligkeitstheorie dem Menschen etwas, das sie ihm nicht zu gebieten braucht, weil, was sie ihm gebietet, in seiner Natur liegt und er schon deshalb danach trachtet; oder sie gebietet ihm etwas, was sie ihm nimmermehr gebieten kann, sobald sie sich aus dem Vagen und Allgemeinen herausbegiebt, und glaubt spezifizieren zu können, was sich nie spezifizieren lässt. Am Individuellen findet diese Kunst ihr Ende. Alle Kraft der Analyse und Konstruktion versagt, sobald es nicht bloss auf das Streben nach Glückseligkeit ankommen soll, sondern auch auf deren Verwirklichung. Die Allgemeinheit des Prinzips müsste scheitern an der Besonderheit des Einzelnen. Und selbst in keinem einzigen besonderen Falle auch nur könnte der Einzelne der wirklichen Durchsetzung seiner Selbstliebe sicher sein. Denn er müsste ja nicht nur für den einzelnen Fall volle Glücksgewähr haben, sondern, wenn ihm an der Verwirklichung seines Prinzips etwas gelegen ist, zugleich alle möglichen, aus dem einen Falle fliessenden Folgen mit übersehen, damit diese ihm nicht eine viel grössere Unlust durchs ganze Leben eintrügen, als die Grösse jener momentanen Lust ausmachte. Diese Schwierigkeit erweist sich sofort als absolute Unmöglichkeit, wenn man bedenkt, dass das Absehen der Folgen eines einzigen Begehrens ins Unendliche führen muss und eigentlich die Kenntnis aller Naturzusammenhänge in ihrem Verhältnis von Ursache und Wirkung, also den allgemeinen Wechselzusammenhang zwischen dem Subjekt, dem begehrten Objekt und allen übrigen Dingen erfordert. „Was wahren dauerhaften Vorteil bringe," sagt darum Kant, „ist allemal, wenn dieser auf das ganze Dasein erstreckt werden soll, in undurchdringliches Dunkel gehüllt" . . . weil es „auf die Kräfte und das physische Vermögen, einen begehrten Gegenstand wirklich zu machen," ankommt.[1])

Wie also die empirische Bestimmungsweise der Glückseligkeitsethik sich auch immer stelle, sie ist und bleibt absurd. Sie hat nicht einmal zwischen den beiden Absurditäten, die überhaupt einem Gebote anhaften können, die Wahl: entweder etwas zu gebieten, das sowieso geschieht, oder etwas, was niemals geschehen kann. Vielmehr haften ihr, wenn sie sich nur selbst versteht, beide Absurditäten an.

§ 15.
Die positive Bestimmung des Sittengesetzes.

Die Erfahrung und die ganze Welt der Dinge und Objekte ist nicht fähig, dem Subjekte ein Gebot zu liefern, das ihm sagte: — nicht was da sei, denn das wäre kein Gebot, sondern eine Thatsächlichkeitsangabe, sondern — was sein solle, was allgemeingiltig sei. Ausser uns finden wir diese Norm nicht; und da von vornherein nur die beiden Möglichkeiten bestehen, dass das sittliche Prinzip aus der Materie des Begehrens, d. i. aus den Gegenständen der Erfahrung und unserem Motivationsverhältnis zu ihnen, also empirisch gewonnen werde, oder dass die Vernunft a priori einen „zur Willensbestimmung hinreichenden Grund in sich enthalten könne";[2]) und die erste begriffliche Möglichkeit sich als reale Unmöglichkeit erweist, so bleibt nur die zweite übrig. Zugleich ist damit klar: „Wenn ein vernünftiges Wesen sich seine Maximen als praktische allgemeine Gesetze denken soll, so kann es sich dieselben nur als solche Prinzipien denken, die nicht der Materie, sondern bloss der Form nach, den Bestimmungsgrund des Willens enthalten".[3]) Das ist deswegen klar, weil wir

---

[1]) a. a. O. S. 39.
[2]) Kritik der praktischen Vernunft S. 19.
[3]) a. a. O. S. 28.

material, d. i. aus den Gegenständen der Erfahrung kein allgemeingiltiges Prinzip zu finden vermochten. „Nun bleibt von einem Gesetze, wenn man alle Materie, d. i. jeden Gegenstand des Willens (als Bestimmungsgrund des Willens) davon absondert, nichts übrig, als die blosse Form einer allgemeinen Gesetzgebung. Also kann ein vernünftiges Wesen sich seine subjektiv-praktischen Prinzipien, d. i. Maximen, entweder gar nicht zugleich als allgemeine Gesetze denken, oder es muss annehmen, dass die blosse Form derselben, nach der jene sich zur allgemeinen Gesetzgebung schicken, sie für sich allein zum praktischen Gesetz mache." [1])

Was das nun positiv und nicht bloss in der negativen Abgrenzung gegen die materiale Bestimmung des Willens bedeutet: die „blosse Form einer allgemeinen Gesetzgebung" müsse für sich zur Willensbestimmung hinreichend sein, versteht sich schon wieder aus der anderen Formulierung, dass „reine Vernunft einen praktisch, d. i. zur Willensbestimmung hinreichenden Grund in sich enthalten" müsse, wenn eine praktische Gesetzgebung überhaupt möglich sein soll. Die Vernunft müsste demnach unabhängig von aller Bestimmung durch Gegenstände rein für sich das Prinzip des sittlichen Handelns liefern können; das und nichts anderes bedeutet die rein formale praktische Gesetzgebung. Wenn keine materiale Erfahrung mit allen ihren Gegenständen uns eine Idee und Vorstellung des sittlichen Prinzips geben kann, so folgt, „dass alle sittlichen Begriffe völlig a priori in der Vernunft ihren Sitz und Ursprung haben, und dieses zwar in der gemeinsten Menschenvernunft ebensowohl, als der im höchsten Masse spekulativen." [2])

Dabei ist aber eine Voraussetzung implizite gemacht, nämlich die, dass es überhaupt solche „sittlichen Begriffe" giebt. Aber das ist nach Kant eine absolut notwendige Voraussetzung, die ihr volles Recht hat. Denn die „sittlichen Begriffe" sind einfach etwas nicht wegzuvernünftelndes, sind „unleugbar" [3]) und

---
[1]) Ebenda.
[2]) Grundlegung zur Metaphysik der Sitten S. 259 f.
[3]) Kritik der praktischen Vernunft S. 33.

jeder Versuch, sie hinwegzuvernünfteln, würde sie schon wieder voraussetzen.

Es kann sich also nur noch darum handeln, sie auf einen einfachen Ausdruck zu bringen, also das Prinzip zu formulieren. Dieses kann, seiner formalen Bestimmungsweise nach, nichts anderes besagen, als dass jedes vernünftige Wesen sein Handeln, der Allgemeinheit des Prinzips gemäss, so einrichte, dass es auch verdiene, von allen als sittlich wertvoll anerkannt zu werden.

Dass jeder sollte ebenso handeln wollen, wie wir, davon also müssen wir unerschütterlich überzeugt sein, um unserem Handeln selbst sittlichen Wert beimessen zu können. Aus dieser Überzeugung allein handeln, heisst um des Sittengesetzes willen handeln. So besagt denn dieses „Grundgesetz der reinen praktischen Vernunft" nichts Anderes, als: „Handle so, dass die Maxime deines Willens jederzeit zugleich als Prinzip einer allgemeinen Gesetzgebung gelten könne."[1]) Dieser „kategorische Imperativ" — „kategorisch" im. Gegensatz zu der moralisch-unzureichenden, nur hypothetischen Anrätigmachung des Glückseligkeitsstrebens und der Selbstliebe — bedeutet also, dass wir nur um seiner sittlichen Bestimmung willen, deren wir inne werden, und aus keinem anderen Grunde handeln sollen und handeln dürfen, sofern wir für unser Thun und Lassen den Anspruch auf Sittlichkeit erheben.

Damit ist das Prinzip und das Gesetz gefunden, das über allen unseren einzelnen Handlungen steht und ihnen ihren Wert bestimmt, als „eine Regel, die durch ein Sollen, welche die objektive Nötigung des Handelns ausdrückt, bezeichnet wird."[2]) Darin liegt das „Kategorische".

Aber wir dürfen damit nicht etwa das Moralgesetz selbst deduziert und begründet zu haben meinen. Es ist selbst aller Gründe Grund, und darum nicht auf Gründe ausser ihm zurückzu-

---

[1]) a. a. O. S. 32.
[2]) a. a. O. S. 20.

führen und aus ihnen zu deduzieren. Wir haben es nur auf einen deutlichen Ausdruck zu bringen versucht, indem wir die in der Vernunft ihren Sitz und Ursprung habenden Begriffe, die nach Kant eben etwas schlechthin Unleugbares sind, in Einheit zu diesem Gesetze brachten. Dieses ist also nichts Anderes, wie die „sittlichen Begriffe" überhaupt, es ist nur ihr klarer, bestimmter Ausdruck, und darum, wie sie selbst, etwas Unleugbares. Es ist also „ein Faktum der reinen Vernunft", [1]) das schlechtweg „unleugbar", nicht beweisbar, sondern höchstens aufweisbar ist. [2]) Um aber allen Missverständnissen vorzubeugen, muss man jedoch „wohl bemerken: dass es kein empirisches, sondern das einzige Faktum der reinen Vernunft sei, die sich dadurch als ursprünglich gesetzgebend (sic volo, sic jubeo) ankündigt." [3]) Schon diese eine Formulierung hätte Schopenhauer vor seinem recht groben Missverständnis bewahren müssen, das wir an einem anderen Orte bereits früher gerügt haben. [4]) Hier zeigt sich deutlich, wie scharf Kant das „Faktum der reinen Vernunft" vom „Faktischen" im Sinne des „empirisch-Realen", womit Schopenhauer es verwechselt, unterschieden wissen will; dass es dem „Faktum der reinen Vernunft" gar nicht beifällt, „substanzieller werden zu wollen", wie Schopenhauer sagt. Seine Faktizität besteht eben in seinem Gelten. Die Allgemeingiltigkeit des Moralgesetzes, und nur sie allein, ist nach Kant das „unleugbare" und „unabweislich" sichere „Faktum der reinen Vernunft".

Es ist „das moralische Gesetz gleichsam als ein Faktum der reinen Vernunft, dessen wir uns a priori bewusst sind, und welches apodiktisch gewiss ist, gegeben, gesetzt, dass man auch in der

---

[1]) a. a. O. S. 33.
[2]) Das und die Unleugbarkeit des Sollens habe ich selbst in meiner erwähnten Schrift aufgewiesen, vgl. § 2.
[3]) Kritik der praktischen Vernunft S. 33.
[4]) Schopenhauer, Die Grundlage der Moral S. 144. (III. Bd. der Grisebachschen Ausgabe); auch dazu vergleiche „Glückseligkeit und Persönlichkeit in der kritischen Ethik" S. 27 f.

Erfahrung kein Beispiel, da es genau befolgt wäre, auftreiben könnte. Also kann die objektive Realität des moralischen Gesetzes durch keine Deduktion, durch alle Anstrengung der theoretischen, spekulativen oder empirisch unterstützten Vernunft bewiesen und also, wenn man auch auf die apodiktische Gewissheit Verzicht thun wollte, durch Erfahrung bestätigt und so a posteriori bewiesen werden, und steht dennoch für sich selbst fest." [1])

Wenn wir uns nun weiter die Beziehungen des Einzelnen zum allgemeinen Gesetz, der wirklichen Persönlichkeit zu ihrer idealen sittlichen Aufgabe ansehen und fragen: was wird dem Menschen durch seine moralische Bestimmung nun eigentlich zu thun auferlegt, so finden wir, dass wir darauf keine andere Antwort mehr zu geben haben, als wir sie schon in den vorhergehenden Bemerkungen besitzen.

Denn einen Inhalt im gewöhnlichen Sinne des Wortes hat das Moralgesetz nicht. Es sagt keinem: thue dies und lasse jenes, wie das Staatsgesetz den Staatsbürgern, oder wie der Lehrer seinen Schülern Gebote und Verbote giebt. Alles, was es vom Einzelnen verlangt, ist: seine Maxime dem sittlichen Gebote unterzuordnen. Was sittliches Gebot darum im einzelnen Falle sei, das ist so verschieden, wie eben alle einzelnen Fälle der Wirklichkeit selbst, und kann nur bestimmt werden durch den Ausspruch des Gewissens jedes einzelnen Vernunftwesens. Diese Bestimmung geht lediglich dahin, das Gute zu wollen, eben weil es gut ist, und weil die Vernunft es für gut erkennt. Das Gute ist also der „alleinige Gegenstand der reinen praktischen Vernunft,"[2]) der einzige, aber selbst nicht inhaltlich bestimmbare Inhalt des Sittengesetzes, der Ausdruck dafür, dass das Vernunftwesen „aus Pflicht"[3]) und aus keinem anderen Grunde, als um der Pflicht willen, lediglich um des Gesetzes willen, „aus Achtung

---

[1]) Kritik der praktischen Vernunft S. 50.
[2]) a. a. O. S. 61 f.
[3]) Grundlegung zur Metaphysik der Sitten S. 245.

fürs Gesetz"[1]) handeln solle; eben jenes ungeschriebenen Gesetzes willen, das da sagt: „ich soll niemals anders verfahren, als so, dass ich auch wollen könne, meine Maxime solle ein allgemeines Gesetz werden."[2]) Die Maxime aber soll sein: zu handeln, wie die Pflicht es gebeut. „Es kann daher nichts Anderes, als die Vorstellung des Gesetzes an sich selbst, die freilich nur in vernünftigen Wesen stattfindet, sofern sie, aber nicht die verhoffte Wirkung, der Bestimmungsgrund des Willens ist, das so vorzügliche Gute, welches wir sittlich nennen, ausmachen, welches in der Person selbst schon gegenwärtig ist, die darnach handelt, nicht aber allererst aus der Wirkung erwartet werden darf."[3])

Und eben deshalb kommt es nicht an „auf die Handlungen, die man sieht, sondern auf jene inneren Prinzipien derselben, die man nicht sieht."[4]) Das heisst: Das vorzügliche Gute in der Person ist der Wille. „Der gute Wille ist nicht durch das, was er bewirkt und ausrichtet, nicht durch seine Tauglichkeit zur Erreichung irgend eines vorgesetzten Zwecks, sondern allein durch das Wollen, d. i. an sich gut."[5]) Nicht der Erfolg, sondern allein die Gesinnung entscheidet über den moralischen Wert; und dieser kommt allein dem guten Willen der Persönlichkeit zu. Er ist überhaupt das Einzige, das gut genannt zu werden verdient. „Es ist überall nichts in der Welt, ja überhaupt auch ausser derselben zu denken möglich, was ohne Einschränkung für gut könnte gehalten werden, als allein ein guter Wille."[6])

Somit wird „der Wille als ein Vermögen gedacht, der Vorstellung gewisser Gesetze gemäss sich selbst zum Handeln zu bestimmen".[7]) Ein solcher Wille, der unabhängig von allen die

---

[1]) a. a. O. S. 249.
[2]) a. a. O. S. 250.
[3]) Ebenda.
[4]) a. a. O. S. 255.
[5]) a. a. O. S. 242.
[6]) a. a. O. S. 241.
[7]) a. a. O. S. 275.

Selbstsucht und die Eigenliebe bestimmenden Objekten ist und sich lediglich selbst bestimmt, um des Sittengesetzes willen, der also, indem er Wollen und Sollen in Übereinstimmung bringt, und zwar nicht zufällig, sondern mit Absicht und Bewusstsein in Übereinstimmung bringt, also sich selbst das Gesetz giebt, heisst ein autonomer Wille. Denn „Autonomie des Willens ist die Beschaffenheit des Willens, dadurch derselbe ihm selbst (unabhängig von aller Beschaffenheit der Gegenstände des Wollens) ein Gesetz ist".[1]) Und sie ist darum „oberstes Prinzip der Sittlichkeit".[2]) Zu ihr gehört selbständige bewusste Absicht, das Sollen zu realisieren, damit die Handlung moralisch sei. Sonst ist die Übereinstimmung der Handlung mit dem Sittengesetz — wenn sie stattfindet — eine zufällige, in dem äusseren Effekt, auf den es gar nicht ankommt, und nicht in der Maxime, auf die alles ankommt, liegende. Die Handlung selbst wäre nicht moralisch, sondern „legal".[3]) Sie wäre ebensowenig moralisch, wie diejenige, die das handelnde Subjekt in seiner Abhängigkeit von den Objekten durch Neigung und Willkühr vollbracht hätte. Denn nicht „Autonomie", sondern „Heteronomie" käme darin eben wegen der Abhängigkeit von Gegenständen zum Ausdruck.[4]) „Wenn der Wille irgendwo anders als in der Tauglichkeit seiner Maximen zu seiner eigenen allgemeinen Gesetzgebung, mithin wenn er, indem er über sich selbst hinausgeht, in der Beschaffenheit irgend eines seiner Objekte das Gesetz sucht, das ihn bestimmen soll, so kommt jederzeit Heteronomie heraus. Der Wille giebt alsdann nicht sich selbst, sondern das Objekt durch sein Verhältnis zum Willen giebt diesem das Gesetz."[5]) Dagegen ist die autonome Handlung über alle Bestimmung durch Objekte und damit über alle Willkühr erhaben, sie ist entsprungen aus einem sich selbst

---

[1]) a. a. O. S. 278.
[2]) a. a. O. S. 288.
[3]) a. a. O. S. 246 und Kritik der praktischen Vernunft S. 76 ff.
[4]) Kritik der praktischen Vernunft S. 35.
[5]) Grundlegung zur Metaphysik der Sitten S. 288.

das Gesetz gebenden und sich diesem Gesetze unterordnenden Willen, einem Willen also, der sich selbst zur Gesetzmässigkeit bestimmt. Seine Handlung ist nicht Willkühr, weil sie unter der Vorstellung des Sittengesetzes erfolgt, und sie ist nicht sklavisch und knechtisch, weil der vernünftige Wille sich selbst das Gesetz giebt, weil der Wille sein eigener Gesetzgeber ist, frei von allem Zwang der Objekte. „Freiheit und eigene Gesetzgebung des Willens sind beides Autonomie, mithin Wechselbegriffe."[1]) Dazu werden wir geführt, sobald wir nach einem wahrhaft zulangenden Prinzip der Sittlichkeit fragen. So finden wir: „Die Autonomie des Willens ist das alleinige Prinzip aller moralischen Gesetze und der ihnen gemässen Pflichten."[2])

Da dieses Prinzip das einzig moralische ist, folgt, dass es zugleich auch das Höchste ist: So wenig wir also weniger thun dürfen, als diesem Prinzip gemäss, d. h. „aus Pflicht" und „aus Achtung fürs Gesetz" zu handeln, um Anspruch auf Moralität zu haben, ebenso wenig können wir mehr thun, „weil das alles lauter Gleissnerei ohne Bestand bewirken würde"[3]) und es wäre „stolze Einbildung, über den Gedanken von Pflicht uns hinwegzusetzen, und, als vom Gebote unabhängig, bloss aus eigener Lust das thun zu wollen, wozu für uns kein Gebot nötig wäre".[4]) Da es unsere höchste Bestimmung ist, unsere Pflicht und Schuldigkeit zu thun, so wäre der „Wahn", dass wir, über die Pflicht hinaus, mehr als unsere Schuldigkeit thun und „Verdienste" erringen könnten, „lauter moralische Schwärmerei und Steigerung des Eigendünkels".[5]) „Pflicht und Schuldigkeit sind die Benennungen, die wir allein unserem Verhältnisse zum moralischen Gesetze geben müssen."[6])

---

[1]) a. a. O. S. 298.
[2]) Kritik der praktischen Vernunft S. 35.
[3]) a. a. O. S. 76 f.
[4]) a. a. O. S. 76 f.
[5]) a. a. O. S. 89 f.
[6]) a. a. O. S. 86.

§ 16.
Die Postulate der reinen praktischen Vernunft und die Idee des höchsten Gutes.

Kant hat, wie wir sahen, den Wert alles Handelns nicht in die äusseren Thaten, „die man sieht", nicht in die Erfolge und die Erreichung etwelcher äusserer Zwecke, nicht in die eudaimonistische Bestimmung der Selbstliebe und eigenen Glückseligkeit verlegt, sondern allein in „jene inneren Prinzipien, die man nicht sieht", d. h. in jene tiefinnerste Gesinnung, die handelt in der unerschütterlichen Überzeugung, dass sie ihre Pflicht thue und nur handelt, um ihre Pflicht zu thun, ohne den „Wahn", über diese hinaus sich noch besondere Verdienste erwerben zu können. Er hat damit — und er giebt es nicht etwa ungern, sondern mit einem gewissen Stolz zu[1] — nur das gemeine und richtige Bewusstsein zur unumstösslichen Gewissheit seiner Richtigkeit erhoben, dass eben gut und moralisch wertvoll nur die Handlung sei, die das handelnde Subjekt in dem Glauben, dass sie das sei, vollbringt; das Bewusstsein, dem in seiner durch keine falsche Theorie verdorbten Natürlichkeit, als die einzige Richtschnur der Bewertung die Gesinnung gilt. Der Wille allein wird für sein Handeln verantwortlich gemacht, · seine Maxime, nicht der daraus folgende Effekt, der kritischen Beurteilung unterzogen.

Nun aber fragt es sich: wie ein solcher selbstverantwortlicher, autonomer Wille möglich sei. Und darauf giebt Kant die Antwort, er sei nur möglich, wenn er auch frei sei. „Da die blosse

---

[1] Mir scheinen darum die Versuche, Kants Ethik als „Moral der kleinen Leute" lächerlich zu machen, nur das Gegenteil von ihrer Absicht zu erreichen. Schon Schiller rühmt: „Dem Verfasser der Kritik gebührt das Verdienst, die gemeine Vernunft aus der spekulativen wiederhergestellt zu haben." Die allgemeine Anwendbarkeit der Kantischen Ethik ist ja gerade das Grosse an ihr. Über politische und Salon-Fragen u. dgl. wollte er in der Ethik keinen Aufschluss geben; er wollte herausstellen, was allgemeingiltig ist, und das muss auch für die „kleinen Leute" gelten.

Form des Gesetzes lediglich von der Vernunft vorgestellt werden kann, und mithin kein Gegenstand der Sinne ist, folglich auch nicht unter die Erscheinungen gehört; so ist die Vorstellung derselben als Bestimmungsgrund des Willens von allen Bestimmungsgründen der Begebenheiten in der Natur nach dem Gesetze der Kausalität unterschieden, weil bei diesen die bestimmenden Gründe selbst Erscheinungen sein müssen. Wenn aber auch kein anderer Bestimmungsgrund des Willens für diesen zum Gesetze dienen kann, als bloss jene allgemeine gesetzgebende Form; so muss ein solcher Wille als gänzlich unabhängig von dem Naturgesetze der Erscheinungen, nämlich dem Gesetze der Kausalität, beziehungsweise auf einander, gedacht werden. Eine solche Unabhängigkeit aber heisst Freiheit im strengsten, d. i. transscendentalen Verstande. Also ist ein Wille, dem die blosse, gesetzgebende Form der Maxime allein zum Gesetze dienen kann, ein freier Wille" ... „Freiheit und unbedingtes praktisches Gesetz weisen also wechselweise auf einander hin."[1]) In dieser Idee der Freiheit liegen nun zwei Momente, ein negatives: die Unabhängigkeit von dem Naturgesetze, und ein positives: die eigene Gesetzgebung: „Jene Unabhängigkeit aber," sagt Kant, „ist Freiheit im negativen, diese eigene Gesetzgebung aber der reinen und als solche praktischen Vernunft ist Freiheit im positiven Verstande."[2])

So gelangt Kant zur Idee der Freiheit als dem ersten Postulate der reinen praktischen Vernunft. „Diese Postulate sind nicht theoretische Dogmata, sondern Voraussetzungen in notwendiger praktischer Rücksicht, erweitern also zwar die spekulative Erkenntnis nicht, geben aber den Ideen der spekulativen Vernunft im Allgemeinen[3]) (vermittels ihrer Beziehung aufs Praktische) objektive Realität, und berechtigen sie zu Begriffen, deren Möglichkeit auch nur zu behaupten sie sich sonst nicht anmassen könnte."

---

[1]) Kritik der praktischen Vernunft S. 30 f.
[2]) a. a. O. S. 35.
[3]) Vgl. besonders: Kritik der reinen Vernunft S. 248 ff., 257 ff., 261 ff. u. a. m.

Es ist für sie charakteristisch und von eminenter Bedeutsamkeit: „Sie gehen alle vom Grundsatze der Moralität aus, der kein Postulat, sondern ein Gesetz ist,[1]) durch welches Vernunft unmittelbar den Willen bestimmt, welcher Wille eben dadurch, dass er so bestimmt ist, als reiner Wille, diese notwendigen Bedingungen der Befolgung seiner Vorschrift fordert."[2])

„Diese Postulate sind" — ausser dem eben besprochenen der Freiheit — „die der Unsterblichkeit ... und des Daseins Gottes."[3])

Zu dem zweiten Postulate gelangt Kant auf verhältnismässig einfachem Wege: „Der Grundsatz der Moralität" verlangt die „völlige Angemessenheit der Gesinnung zum moralischen Gesetze". Diese Angemessenheit muss also möglich sein, da sie notwendig ist. Nun ist ihrer aber „kein vernünftiges Wesen in der Sinnenwelt" fähig. Folglich kann sie nur, da sie praktisch gefordert wird, in einem über der Sinnenwelt hinausliegenden Zustande verwirklicht werden. „Die völlige Angemessenheit des Willens aber zum moralischen Gesetze," sagt Kant, „ist Heiligkeit, eine Vollkommenheit, deren kein vernünftiges Wesen in der Sinnenwelt, in keinem Zeitpunkte seines Daseins fähig ist. Da sie indessen gleichwohl als praktisch notwendig gefordert wird, so kann sie nur in einem ins Unendliche gehenden Progressus zu jener völligen Angemessenheit angetroffen werden, und es ist nach Prinzipien der reinen praktischen Vernunft notwendig, eine solche praktische Fortschreitung als das reale Objekt unseres Willens anzunehmen. Dieser unendliche Progressus ist aber nur unter Voraussetzung einer ins Unendliche fortdauernden Existenz und Persönlichkeit desselben vernünftigen Wesens (welche man die Unsterblichkeit der Seele nennt) möglich." . . . Also ist die Un-

---

[1]) Das ist eben das „Faktum der reinen Vernunft".
[2]) Kritik der praktischen Vernunft S. 135.
[3]) Ebenda.

sterblichkeit der Seele „als unzertrennlich mit dem moralischen Gesetze verbunden, ein Postulat der reinen praktischen Vernunft."[1])

Auf diese Weise kann Kant das Postulat der Unsterblichkeit sogar ohne die Heranziehung der Glückseligkeit aufstellen, obwohl er eigentlich „die völlige Angemessenheit des Willens zum moralischen Gesetze" nur als einen der beiden Faktoren betrachtet, die in der Idee des höchsten Gutes vereinigt sein sollen, eine Idee, die ihrerseits die Voraussetzung für das dritte Postulat, nämlich das Postulat des Daseins Gottes bildet. Der andere Faktor in dieser Idee ist nämlich die Glückseligkeit. Um das dritte Postulat zu verstehen, müssen wir uns also zunächst über die Idee des höchsten Gutes verständigen. Zu ihr gelangt die Vernunft, sagt Kant, indem sie (was sie im Spekulativen vergeblich gethan) vom Bedingten zum Unbedingten hinstrebt.[2]) Auf diesem Wege wird sie zur Idee des höchsten Gutes geführt. Denn Tugend ist zwar das „oberste Gut", aber sie ist noch nicht das vollendete Gut. „Denn um das zu sein, wird auch Glückseligkeit erfordert, und zwar nicht bloss in den parteiischen Augen der Person, sondern selbst im Urteile einer unparteiischen Vernunft. . . . Denn der Glückseligkeit bedürftig, ihrer auch würdig, dennoch derselben nicht teilhaftig sein, kann mit dem vollkommenen Wollen eines vernünftigen Wesens, welches zugleich auch alle Gewalt hätte, wenn wir uns auch nur ein solches zum Versuch denken, gar nicht zusammen bestehen."[3]) Wird also die Tugend „als die Würdigkeit glücklich zu sein" gedacht, und Kant sagt, sie müsse als das mit Vernunftnotwendigkeit gedacht werden, so muss auch mit Vernunftnotwendigkeit die Erfüllung gedacht werden, sobald weiterhin die Tugend, d. h. die „Angemessenheit des Willens zum moralischen Gesetze" als erfüllt gesetzt wird.

---

[1]) a. a. O. S. 128 f.
[2]) a. a. O. S. 112 f.
[1]) a. a. O. S. 115 f.

Dieses aber geschieht durch das Postulat der Unsterblichkeit. Mithin wird damit implizite Glückseligkeit postuliert.¹)

---

¹) Auf die Schwächen dieser Argumentation ist schon so oft und mit so scharfer und treffender Kritik, namentlich von Schopenhauer und Kuno Fischer aufmerksam gemacht worden, dass kaum noch eine neue Kritik am Platze erscheint. Kants Argumentation hat im Wesentlichen drei Fehler. Erstens: Der Progressus ins Unendliche ist ein Widerspruch. Zweitens entbehrt die Behauptung, dass die Glückseligkeit im höchsten Gute vernunftnotwendig mit der Tugend vereint gedacht werden müsse, selbst jedes Vernunftgrundes; und drittens steht sie zur Kantischen Lehre sonst im Widerspruch und ist auch in sich selbst widersprechend, da das Glückseligkeitsstreben eben nur in der Natur sinnlicher Wesen wurzelt und es nicht ausdenkbar ist, wie es reinen Vernunftwesen in einem über der Sinnlichkeit und Sinnenwelt hinausliegenden Zustande anhaften soll.

Die Weiterbildung der Kantischen Lehre wird die lediglich regulative Natur dieser Idee noch mehr hervorkehren und sie als eine **rein-menschliche, aber nicht für das Vernunftwesen überhaupt notwendig stattfindende Vorstellungsweise** ansehen müssen. Kant hat ja dazu selbst sowohl in der Kritik der praktischen Vernunft, als auch namentlich in der Kritik der Urteilskraft mit seiner berühmten Wendung des „als ob" schon den Grund gelegt. Und was er einmal in der Religion innerhalb der Grenzen der blossen Vernunft sagt, das ist besonders für die Idee des höchsten Gutes von Bedeutung. Es kann vor mannigfachem Missbrauch, der mit dieser Idee schon getrieben worden ist, bewahren. Hier heisst es S. 166: „Überhaupt, wenn wir statt der konstitutiven Prinzipien der Erkenntnis übersinnlicher Objekte, deren Einsicht uns doch unmöglich ist, unser Urteil auf die regulativen, sich an dem möglichen praktischen Gebrauch derselben begnügenden Prinzipien einschränkten, so würde es in manchen Stücken mit der menschlichen Weisheit besser stehen, und nicht vermeintliches Wissen dessen, wovon man im Grunde nichts weiss, grundlose, ob zwar eine Zeit lang schimmernde Vernünftelei zum endlich sich doch einmal daraus hervorhebenden Nachteil der Moralität ausbrüten." Es ist nicht genug, auf diese Regulativität auch bei der Idee des höchsten Gutes hinzuweisen, man muss vielmehr noch ganz ausdrücklich ihre lediglich menschlich-psychologische Bedeutung betonen, um ihr nicht, was Kants eigener Fehler war, einen objektiven Wert beizumessen.

Nun wissen wir aber längst,[1]) dass nie „die Begierde nach Glückseligkeit die Bewegursache zur Tugend" sein kann, weil die „Maximen, die den Bestimmungsgrund des Willens in dem Verlangen nach seiner Glückseligkeit setzen, gar nicht moralisch sind und keine Tugend gründen können." Es kann aber auch nicht „die Maxime der Tugend die wirkende Ursache der Glückseligkeit sein"... weil der „Erfolg der Willensbestimmung sich nicht nach moralischen Gesinnungen des Willens richtet."[2]) Noch viel weniger sind Tugend und Glückseligkeit analytisch verbunden, sodass etwa nach der Meinung der Epikuräer „sich seiner auf Glückseligkeit führenden Maxime bewusst sein, Tugend," oder nach Ansicht der Stoiker, „sich seiner Tugend bewusst sein, Glückseligkeit" wäre.[3]) Ihre Verbindung kann also nur synthetisch sein. Aber sie muss auch noch auf andere Weise synthetisch sein, als wir es zuerst in Analogie zu der uns gegebenen sinnlichen Wirklichkeit und ihres Kausalverhältnisses in Rechnung zogen. Und das ist nur möglich, indem eine uns nicht sinnfällig erkennbare Kausalbeziehung zwischen ihnen stattfindet; also nur dadurch, „dass die Sittlichkeit der Gesinnung einen, wo nicht unmittelbaren, doch mittelbaren (vermittels eines intelligiblen Urhebers der Natur) und zwar notwendigen Zusammenhang ... mit der Glückseligkeit" habe.[4]) „Also wird auch das Dasein einer von der Natur unterschiedenen Ursache von der gesamten Natur,[5]) welche den Grund dieses Zusammenhanges, nämlich der genauen Übereinstimmung der Glückseligkeit mit der Sittlichkeit, enthalte, postuliert,"... „d. i. Gott".[6])

An dieser Lehre von den Postulaten der reinen praktischen Vernunft mag von allgemeinerer Bedeutung besonders das erste

---

[1]) Vgl. die beiden vorhergehenden Paragraphen.
[2]) Kritik der praktischen Vernunft S. 119.
[3]) a. a. O. S. 117.
[4]) a. a. O. S. 121.
[5]) d. h. der sinnlichen und der sittlichen.
[6]) a. a. O. S. 130 f.

Postulat sein. Für unseren besonderen Problemzusammenhang ist jedoch — von dem kritischen Gesichtspunkte ihres Wertes oder Unwertes einmal ganz abgesehen — auch die Idee des höchsten Gutes wichtig. Und vor allem bemerkenswert daran ist, dass die Tugend eben um ihrerselbstwillen, nicht um der Glückseligkeit willen erstrebt werden solle, und dass diese auch in postulativ-metaphysischer Hinsicht, ganz in Übereinstimmung mit der christlichen Lehre, worauf Kant ja hinweist, nur eine synthetische Beigabe von Seiten der Gottheit ist; dass, wenn wir nur unsere Pflicht und Schuldigkeit thun, uns schon „das Übrige zugegeben" werden wird.

§ 17.
Die Intelligibilität der Persönlichkeit.

Das Moralgesetz ist ein „Faktum der reinen Vernunft" und „unleugbar". Danach muss „die blosse gesetzgebende Form der Maxime allein der zureichende Bestimmungsgrund eines Willens" sein können.[1]) Dieses ist aber nur möglich, wenn der Wille ein freier Wille ist. So gelangte Kant zum ersten Postulat, und eigentlich von diesem erst zu den übrigen. Nun bleibt für ihn noch die schwierigste Frage zu lösen: wie ist aber selbst ein freier Wille möglich?

Wir sehen, wie der Mensch hineingerissen wird in den vom allgemeinen Kausalitätsgesetze beherrschten Strom des Geschehens und dass seine Handlung, wie Kant sagt, mit absoluter „Gewissheit, so wie eine Mond- oder Sonnenfinsternis" erfolge.[2]) Wie dürfen wir da von Freiheit sprechen? Wie dürfen wir hoffen, zur Freiheit zu gelangen und ihrer Idee Giltigkeit beizumessen;

---

[1]) a. a. O. S. 103.
[2]) Kant sagt noch recht rationalistisch: „sich berechnen liesse". Das Verständnis für das Irrationale des Historischen angebahnt zu haben, ist Fichtes Verdienst (vgl. Lask, „Fichtes Idealismus und die Geschichte"). Zu einer vollkommeneren Klärung ist es allerdings erst in unserer Zeit durch Windelband und namentlich durch Rickert gekommen.

wie kann jenes „unleugbare Faktum der reinen Vernunft", die Geltung des Sittengesetzes bestehen, und wie kann Pflicht und Sollen für uns stattfinden, da sie selbst eben nur durch Freiheit möglich sind?

„Eine Auskunft bleibt uns noch übrig, nämlich zu suchen, ob wir, wenn wir uns durch Freiheit als a priori wirkende Ursachen denken, nicht einen anderen Standpunkt einnehmen, als wenn wir uns selbst nach unseren Handlungen als Wirkungen, die wir vor unseren Augen sehen, vorstellen." [1])

In der That erhebt uns die Idee der Freiheit und Pflicht auf einen ganz anderen Standpunkt. „Pflicht! du erhabener grosser Name, der du nichts Beliebtes, was Einschmeichelung bei sich führt, in dir fassest, sondern Unterwerfung verlangst, doch auch nichts drohest, was natürliche Abneigung im Gemüte erregte und schreckte, um den Willen zu bewegen, sondern bloss ein Gesetz aufstellst, welches von selbst im Gemüte Eingang findet, und doch sich selbst wider Willen Verehrung (wenngleich nicht immer Befolgung) erwirbt, vor dem alle Neigungen verstummen, wenn sie gleich insgeheim ihm entgegen wirken, welches ist der deiner würdige Ursprung, und wo findet man die Wurzel deiner edlen Abkunft, welche alle Verwandtschaft mit Neigungen stolz ausschlägt, und von welcher Wurzel abzustammen die unnachlassliche Bedingung desjenigen Wertes ist, den sich Menschen allein selbst geben können?

Es kann nichts Minderes sein, als was den Menschen über sich selbst (als einen Teil der Sinnenwelt) erhebt, was ihn an eine Ordnung der Dinge knüpft, die nur der Verstand denken kann, die zugleich die ganze Sinnenwelt, mit ihr das empirisch-bestimmte Dasein des Menschen in der Zeit und das Ganze aller Zwecke (welches allein solchen unbedingten praktischen Gesetzen, als das moralische, angemessen ist) unter sich hat. Es ist nichts anderes als die Persönlichkeit, d. i. Freiheit und Unabhängigkeit von dem Mechanismus der ganzen Natur, doch zugleich als ein

---

[1]) Grundlegung zur Metaphysik der Sitten. S. 298.

Vermögen eines Wesens betrachtet, welches eigentümlichen, nämlich von seiner eigenen Vernunft gegebenen reinen praktischen Gesetzen die Person also, als zur Sinnenwelt gehörig, ihrer eigenen Persönlichkeit unterworfen ist, sofern sie zugleich zur intelligiblen Welt gehört." [1])

Schopenhauer bewundert unter den unsterblichen Verdiensten Kants die Lehre vom intelligiblen Charakter fast am meisten. Sie ist es, die „sein unsterbliches Verdienst besonders herrlich zeigt". [2]) Auf diese Lehre sind wir nun geführt. Durch sie verstehen wir, wie trotz des strengen Mechanismus der Natur die Freiheit der Persönlichkeit bestehen kann, wie beide sich mit einander vereinigen lassen.

Wir bleiben stehen zunächst bei dem Naturmechanismus, der unsere Person in seine Zusammenhänge mit unabänderlicher Notwendigkeit verflicht, sie fortreisst in seinem Getriebe mit zwingender Gewalt und unsere Freiheit zu vernichten scheint. Ein Objekt unter Objekten, über denen allen der Mechanismus der Natur nach ehernen, ewigen Gesetzen herrscht, ist hier die Person; eine, wie die andere, dem gleichen Zwang unterworfen, gleicher Gewalt anheimgegeben.

Was aber bedeutet dieser Zwang, die Gewalt, der ganze Mechanismus der Natur und ihre Gesetze, denen die Person mit unterworfen ist? Die Antwort auf diese Frage hat bereits die

---

[1]) Kritik der praktischen Vernunft S. 90 f.
[2]) Schopenhauer, Welt als Wille und Vorstellung (Grisebachsche Ausgabe) Bd. I. S. 218. Die Art und Weise, wie Schopenhauer allerdings Kants Lehre vom intelligiblen Charakter auffasst, ist durchaus mystisch und vom dogmatisch-realistischen Geiste der alten Metaphysik des Übersinnlichen getragen. Kant ist nicht ganz unschuldig an solchem Missverständnis. Er selbst hat den noumenalen Charakter noch nicht mit der Schärfe und Klarheit auf die transscendentale Basis erhoben, um seinen Wert voll und ganz erkennen zu lassen. Indes eine Gleichsetzung des Übersinnlichen mit dem Aussersinnlichen lässt schon Kants Kritizismus als solcher nicht zu; die ist in der That nur für Schopenhauers psychologistische Willensmetaphysik mit ihrer poetischen Mystik möglich.

transscendentale Analytik der Kritik der reinen Vernunft gegeben, und mit ihr ist die Freiheit gerettet.

Wir sind es selbst, das hatte hier die Kritik der reinen Vernunft gezeigt, die wir der Natur ihre Gesetze vorschreiben. Die selbstschöpferische Kraft des Subjekts, seine Spontaneität, war die Grundlage nicht zwar für die ganze Welt der Objekte als solche, wohl aber für deren Gegebenheit. Wir — natürlich nicht selbst wieder als ein Objekt unter diesen Objekten, die wir vor unseren Augen sehen, sondern wir als Subjekt, sofern wir niemals Objekt sind: die Persönlichkeit, nicht die Person. Eine Unterscheidung, die also sogar schon spekulativ basiert ist. Mag unter der empirischen Ansicht die Person sich leidend und unfrei verhalten, bestimmt und beherrscht von der Notwendigkeit und Gesetzmässigkeit der Natur und von den Einflüssen ihrer Gegenstände, so verhält sich, transscendental betrachtet, die Persönlichkeit frei und thätig, selbst bestimmend und beherrschend die Notwendigkeit, regelnd die Wechselbeziehungen und -einflüsse der Dinge auf einander, denen sie die Gesetze giebt. Also auch hier weist die Persönlichkeit als Subjekt schon vor oder über die Wirklichkeit — unsere Sprache ist schwer fähig, das zu bezeichnen —; die Kausalität, die die Wirklichkeit beherrscht, ist selbst nur Funktion der selbstschöpferischen Kraft des Bewusstseins, und ein Blick in eine ganz andere Wirklichkeit, oder besser: Wirksamkeit, in eine andere Kausalität, thut sich da auf durch die Spontaneität des Verstandes. In ihr begegnen wir zuerst dem, „was den Menschen über sich selbst (als einen Teil der Sinnenwelt) erhebt, was ihn an eine Ordnung der Dinge knüpft, die nur der Verstand denken kann, die zugleich die ganze Sinnenwelt, mit ihr das empirisch-bestimmte Dasein des Menschen in der Zeit . . . unter sich hat".

Die spekulative Vernunft bleibt aber hier stehen, weil hier dem Denken des Verstandes keine Anschauungen mehr entsprechen, deren wir als erkennendes, reflexiv denkendes, nicht spontan schaffendes Wesen, wie wir uns selbst gegeben sind, bedürfen, um unser „Erkennen" auf das spontan Geschaffene zu beziehen. In die Spontaneität selbst dringt das Erkennen nicht tiefer ein, nur ihre Schöpfungen, nicht aber sie selbst als schaffende Kraft — wenn man nur dieses Wort nicht missversteht und mit dem empirischen Begriff, also das schaffende Prinzip mit dem, was selbst bloss seine Funktion ist, nicht verwechselt —, sind sein Gegenstand. So könnte man sagen: Die Spontaneität sei zwar notwendige Voraussetzung der Erkenntnis, weil durch sie erst Objekte zustande kommen, aber sie selbst sei nicht Gegenstand der Erkenntnis im eigentlichen Sinne des Wortes. Sie ist nicht erkennbar, sondern, vielleicht dürfen wir so sagen, weil sie eben das Erkennen möglich macht, und wir ihrer nur, soweit wir uns selbst erkennend verhalten, inne werden, logisch erlebbar.

Sie bildet also die Brücke zur Freiheit. Sie verknüpft uns als Glieder der Sinnenwelt mit den Grundlagen eben dieser Sinnenwelt, weil wir diese Grundlagen in uns selbst finden, ja selber diese Grundlagen sind. Diese vor- und übersinnliche Kraft (das weder zeitlich noch realistisch verstanden, sondern eben nur im Sinne des selbst unleugbaren, einfach aufweisbaren, ewig unbegreiflichen Vermögens der Spontaneität) bildet die Voraussetzung für die Intelligibilität der Persönlichkeit, ja ist diese Intelligibilität selbst.

An dieser Grenze der spekulativen Vernunft setzt nun erweiternd die praktische ein. Dass Freiheit möglich wäre, hatte sie postuliert; wie sie möglich wäre, liess die Spontaneität erkennen, und nun fragt es sich weiter, wie wir es uns praktisch des Genaueren allein zu denken haben, dass sie der Persönlichkeit eignet.

Wir gehen aus von uns als Person im Kantischen Sinne, d. h. wie wir uns allein erkennbar und fasslich gegeben sind. Nun ist es doch eigentlich gerade diese in die Erscheinung tretende Person, die verantwortlich gemacht wird für ihr Thun und Lassen, die wir als gut oder böse bewerten. Wenn wir von ihr verlangen, sie sollte anders handeln, verlangen wir zugleich auch, dass sie anders sein sollte. Denn selbst noch einmal ganz in der sinnlichen Redeweise gesprochen, könnten wir, sobald wir lediglich das Verhältnis der Person zu den Dingen betrachten und zusehen, wie sie auf diese reagiere, nur verlangen, dass sie auf diese anders reagiere, als sie es in Wirklichkeit thut. Das könnte aber nur dann eintreten, wenn entweder die Dinge andere wären, als sie sind; oder wenn die Person anders wäre, als sie ist. Nun werden ja nicht die Dinge bei der Beurteilung der Person, sondern diese wird selbst bewertet. Das heisst: Sobald man ihr Handeln billigt, billigt man auch, dass sie so ist, wie sie ist; sobald man verlangt, sie sollte anders handeln als sie handelt, verlangt man auch, dass sie anders wäre, wie sie ist.

Wie kommen wir aber dazu, ein solches Verlangen und Ansinnen an den Menschen zu stellen? Hat er sich denn selbst gemacht, auf dass er für seine Schöpfung verantwortlich gemacht werden könnte. Allerdings, das hat er: „Was der Mensch im moralischen Sinne ist, oder werden soll, gut oder böse, dazu muss er sich selbst gemacht haben. Beides muss eine Wirkung seiner freien Willkühr sein, denn sonst könnte es ihm nicht zugerechnet werden." [1]) Natürlich nicht der Mensch als Person, als Erscheinung hat sich selber zu dem gemacht, was er ist. Der ist lediglich etwas Gewordenes, Erschaffenes, aber nicht etwas Schaffendes. Indem er aber zur Verantwortung gezogen wird, wird er über sein blosses Erschaffensein hinausgehoben, eben dadurch, dass man ihm sein Handeln zurechnet. Das kann man nur, indem man ihn zugleich als schaffend betrachtet. Thut man aber dies, so betrachtet man ihn eben nicht bloss als Person, als Erscheinung, sondern wiederum in seiner Intelligibilität, d. h. als Persönlichkeit, sodass „die Person also, als zur Sinnenwelt gehörig, ihrer eigenen Persönlichkeit unterworfen ist, sofern sie zugleich zur intelligiblen Welt gehört".[2]) Darum wird, wenn wir die Person verantwortlich zu

---

[1]) Die Religion innerhalb der Grenzen der blossen Vernunft S. 188.
[2]) Vgl. oben S. 113 f.

machen scheinen, in Wahrheit die Persönlichkeit für die Person verantwortlich gemacht.

Die bedeutsamsten Aufschlüsse fernerhin giebt uns nun Kants Religionsphilosophie im engeren Sinne.[1]

Wenn wir nämlich auf die in der Welt der Objekte handelnde Person achten, so finden wir sie in einer gewissen Konstanz, ihrer Eigenart entsprechend, auf die Dinge reagieren. So bietet sie sich zunächst der rein empirischen Betrachtung dar. Man kann die gewisse konstante eigenartige Reaktionsweise eben unter der „irdischen Ansicht" als den „subjektiven Grund der Möglichkeit einer Neigung" ansehen, den man „Hang" (propensio) nennt. Rückt man nun diesen „Hang" unter den Gesichtspunkt der Wertkategorien von gut und böse, so zeigt sich, dass er als „Hang" zwar angeboren sein kann, aber doch nicht als solcher vorgestellt werden darf, sondern auch (wenn er gut ist) als erworben, oder (wenn er böse ist) als vom Menschen selbst sich zugezogen gedacht werden kann."[2]

Er ist „angeboren" und soll doch als durch freie Willkühr der Persönlichkeit „erworben" und „zugezogen" gedacht werden. Wie ist das möglich? In der räumlich-zeitlich bestimmten Welt der Dinge kann er nicht „erworben" und „zugezogen" sein, denn unter der empirischen Ansicht ist er schon als Grundlage eben jener Reaktionsweise der Person da, und wird dieser als „angeboren" zugerechnet. Soll er darum „erworben" und „zugezogen" sein — und er muss dafür angesehen werden, damit Verantwortlichkeit und Bewertung möglich sei —, so kann er nur von der intelligiblen Persönlichkeit

---

[1] Die vorangehenden Bemerkungen fassen nicht bloss kurz das Resultat der transscendentalen Analytik der Kritik der reinen Vernunft zusammen, sondern lehnen sich an Kantische Gedankengänge auch der Kritik der praktischen Vernunft, der Religion innerhalb der blossen Vernunft und der Kritik der Urteilskraft (in der hierfür besonders das Verhältnis von bestimmender und reflektierender Urteilskraft von Bedeutung ist) an, die sämtlich nach dieser Richtung hin konvergieren.

[2] Die Religion innerhalb der Grenzen der blossen Vernunft S. 122.

„erworben" und „zugezogen" sein. Er weist also auf diese zurück und ist eine raum-zeit-lose „intelligible That" [1]) der intelligiblen Persönlichkeit. Die „intelligible That" verhält sich zur intelligiblen Persönlichkeit wie die phänomenale That (factum phaenomenon) zur empirischen Person. Wie im Empirischen die That als Ausfluss der empirischen Person (nach ihrer angeborenen Reaktionsweise und Relation zu den Dingen), so wird die „intelligible That" als Ausfluss freier Willkühr der intelligiblen Persönlichkeit gedacht. Aber wie im Empirischen der Hang als „angeboren", die That demnach durch die „angeborene" Eigenart der Person bestimmt erscheint, so muss nun weiter auch die intelligible That als durch die Eigenart der intelligiblen Persönlichkeit bestimmt — nicht angeboren, aber angelegt — erscheinen, damit sie als deren Wesen gemäss ihr zugerechnet werden kann. Die „intelligible That" erfordert somit eine „intelligible Anlage." [2])

Die „intelligible Anlage" bestimmt die „intelligible That" und diese wiederum weiter das, was wir so gewöhnlich Charakter nennen, also den Hang, die gewisse Richtung in der Welt zu wirken und zu handeln. Ja der Charakter ist nichts Anderes, als die in die Erscheinung getretene „intelligible That" der intelligiblen Persönlichkeit selbst. Diese bestimmt somit selbst ihren Charakter, ihre Person, und eben darum richtet sich alles Verantwortlichmachen für den Charakter an die die Person bestimmende intelligible Persönlichkeit selbst und hat darin seinen Berechtigungsgrund. Und weil der Charakter so durch eine einheitliche intelligible That bestimmt wird, so hat auch in der Person „das Sinnenleben in Ansehung des intelligiblen Bewusstseins seines Daseins (der Freiheit) absolute Einheit eines Phänomens, welches, sofern es bloss Erscheinung von der Gesinnung, die das moralische Gesetz angeht (von dem Charakter [3])) enthält, nicht nach der

---

[1] a. a. O. S. 125 f., wo diese Bestimmung mit Rücksicht auf den „Hang zum Bösen" besonders klar getroffen wird.
[2] a. a. O. S. 122.
[3] Natürlich dem intelligiblen Charakter.

Naturnotwendigkeit, die ihm als Erscheinung zukommt, sondern nach der absoluten Spontaneität der Freiheit beurteilt werden muss."¹)

Die „intelligible Anlage" zur „intelligiblen That" und zum „Charakter" in der Persönlichkeit ist zugleich Anlage zur Persönlichkeit im letzten Grunde selbst. „Die Anlage für die Persönlichkeit," sagt Kant aber weiter, „ist die Empfänglichkeit der Achtung für das moralische Gesetz als einer für sich hinreichenden Triebfeder der Willkühr."²) Sie ist zugleich auch das Letzte, auf das wir, selbst unter praktischem Betracht, zurückgeführt werden, weil sie selbst auf „Gott als allgemeines Urwesen" zurückweist. Nur in ihm können wir die Wurzel jener intelligiblen Anlage selbst suchen. Damit scheint sich aber gleich eine neue Schwierigkeit aufzuthun und die Freiheit abermals zu gefährden. „Wenn man uns nämlich auch einräumt, dass das **intelligible Subjekt** in Ansehung einer gegebenen Handlung noch frei sein kann, obgleich es als **Subjekt, das auch zur Sinnenwelt gehörig** in Ansehung derselben mechanisch bedingt ist, so scheint es doch, man müsse, sobald man annimmt, Gott als allgemeines Urwesen sei die Ursache auch der Existenz der Substanz (ein Satz, der niemals aufgegeben werden darf, ohne den Begriff von Gott als Wesen aller Wesen, und hiermit seine Allgenugsamkeit, auf die alles in der Theologie ankommt, zugleich mit aufzugeben), auch einräumen: die Handlungen des Menschen haben in demjenigen ihren Bestimmungsgrund, was gänzlich ausser ihrer Gewalt ist, nämlich der Kausalität eines von ihm unterschiedenen höchsten Wesens, von welchem das Dasein des ersteren und die ganze Bestimmung seiner Kausalität ganz und gar abhängt."³) Danach würde der Mensch wieder aller Selbständigkeit beraubt, als könnte er nichts aus eigener Kraft. Ähnlich wie in der kirchlichen

---

[1]) Kritik der praktischen Vernunft S. 103.
[2]) Die Religion innerhalb der Grenzen der blossen Vernunft S. 121.
[3]) Kritik der praktischen Vernunft S. 105.

Gnadenlehre würde all sein Thun „als Wirkung vom Einfluss einer äusseren höheren wirkenden Ursache, in Ansehung deren der Mensch sich bloss leidend verhielte, vorgestellt werden". [1]) Allein Kant hat eine Lösung dieser Schwierigkeit gefunden. „Die Auflösung obgedachter Schwierigkeit geschieht kurz und einleuchtend auf folgende Art: Wenn die Existenz in der Zeit eine bloss sinnliche Vorstellungsart der denkenden Wesen in der Welt ist, folglich sie als Dinge an sich selbst nicht angeht, so ist die Schöpfung dieser Wesen eine Schöpfung der Dinge an sich selbst; weil der Begriff einer Schöpfung nicht zu der sinnlichen Vorstellungsart der Existenz und der Kausalität gehört, sondern auf Noumenen bezogen werden kann. Folglich wenn ich von Wesen in der Sinnenwelt sage: sie sind erschaffen, so betrachte ich sie sofern als Noumenen. So wie es also ein Widerspruch wäre, zu sagen, Gott sei ein Schöpfer von Erscheinungen, so ist es auch ein Widerspruch, zu sagen, er sei, als Schöpfer, Ursache der Handlungen in der Sinnenwelt, mithin als Erscheinungen, wenn er gleich die Ursache des Daseins der handelnden Wesen (als Noumenen) ist . . . weil die Schöpfung ihre intelligible, nicht sensible Existenz betrifft." [2]) Man kann also die „Anlage zur Persönlichkeit" oder die „Empfänglichkeit der Achtung für das moralische Gesetz als einer für sich hinreichenden Triebfeder" als von Gott in uns gewirkt ansehen, und doch die Handlungen als von uns selbst gewirkt betrachten, die aus unserem in die Erscheinung tretenden Charakter fliessen.

Denken wir nun zugleich zurück an die früheren Ausführungen dieses Paragraphen, so können wir sagen: Das Dynamische der gottgewirkten intelligiblen Anlage soll durch unsere eigene „intelligible That" energetische Essenz erhalten, die unseren Charakter bestimmt, wie in analoger Weise, unter zeitlicher Anschauung, die

---

[1]) Der Streit der Fakultäten S. 360.
[2]) Kritik der praktischen Vernunft S. 107.

Maxime unsere Handlung. In theologischer Sprechweise könnte man auch sagen: Jene Anlage sei Gnade, insofern wir sie nicht selbst gewirkt haben, sie sei aber zugleich Natur, weil sie zum Wesen der aus intelligibler Schöpfung hervorgegangenen intelligiblen Persönlichkeit gehöre, ja selbst zu dieser die Anlage sei. Und Sache dieser intelligiblen Persönlichkeit sei es nun, spontan das Göttliche ihres Wesens auszuwirken und zu entfalten. Kant sagt einmal ausdrücklich, Gnade sei „nichts Anderes als Natur des Menschen, sofern er durch sein eigenes inneres, aber übersinnliches Prinzip (die Vorstellung seiner Pflicht) zu Handlungen bestimmt wird, welches, weil wir uns es erklären wollen, gleichwohl aber weiter keinen Grund davon wissen, von uns als von der Gottheit in uns gewirkter Antrieb zum Guten, davon wir die Anlage in uns selbst nicht gegründet haben, mithin als Gnade vorgestellt wird". Aber wir dürfen nicht „eine bloss passive Ergebung an eine äussere in uns Heiligkeit wirkende Macht" contemplativ üben, sondern „wir müssen an der Entwickelung jener moralischen Anlage in uns selbst arbeiten, ob sie zwar selber eine Göttlichkeit des Ursprungs beweist, der höher ist, als alle Vernunft (in der theoretischen Nachforschung der Ursache) und daher, sie besitzen nicht Verdienst, sondern Gnade ist", auf dass die Persönlichkeit ihrer intelligiblen Bestimmung gemäss ein thätiges Werkzeug in der Hand der Gottheit werde.[1])

Kant hat damit die Freiheit und Selbstverantwortlichkeit der Persönlichkeit gewahrt. Er hat die Eigenbestimmung ihres Wertes in sie selbst, vermittels ihrer Intelligibilität, in ihre intelligible That verlegt. Wir erkennen dadurch, dass sie es in Wahrheit selber ist, die über ihren Wert und Unwert entscheidet. Aber eine Schwierigkeit bleibt bestehen und ist unauflösbar. Die Wurzeln des intelligiblen Wesens reichen zurück bis in die Gottheit. Aus der Gottheit entspringt die Anlage zur Persönlichkeit, die Anlage, das Moralgesetz zur Triebfeder in uns werden zu

---

[1]) Streit der Fakultäten, ebenda.

lassen. Ob wir es das werden lassen, ob wir die moralische Anlage in uns entwickeln oder nicht, ob wir das Moralgesetz in unseren Willen aufnehmen und es verwirklichen wollen, oder ob wir ihm widerstreben, das bleibt unserer Freiheit anheimgegeben. Die Freiheit selbst ist damit gewahrt. Nun erhebt sich ein neues Problem, das keine Lösung mehr findet. Warum wir dem Moralgesetze Wirklichkeit zu geben bestrebt sind, können wir verstehen, denn, mit der unserer Anlage eingegebenen Achtung vor ihm, ist der Keim, es zur Triebfeder werden zu lassen, mitbestimmt. Warum wir ihm aber auch widerstreben, warum wir uns seiner Triebfeder widersetzen, kurz woher das Böse in uns stammt, bleibt damit immerhin unbegreiflich. In einer Triebfeder der Natur ist der Grund dafür nicht zu suchen, sondern in der Maxime des Subjekts allein. Aber dass das Subjekt sich zu dieser bestimmt hat, dass es sich bestimmt hat, das Böse in seinen Willen aufzunehmen, was in der „intelligiblen That" der Persönlichkeit selber liegen muss, das ist, nach Kant, für unsere Vernunft immer unfasslich.[1]

§ 18.
Die Person als Gegenstand der Achtung.

Die Person jedes Menschen ist nichts Anderes, sahen wir, als die durch die Persönlichkeit bestimmte, in die Erscheinung getretene intelligible That eben der Persönlichkeit. Mag sie ihre intelligible Anlage immerhin nicht ausgeprägt haben, sie enthält sie doch in sich als einen göttlichen Ursprung. So gemahnt uns

---

[1] Die Religion innerhalb der Grenzen der blossen Vernunft S. 114 ff., S. 133 ff., S. 152 ff. und S. 174 ff. Psychologisch verständlich ist es infolge dieser Unbegreiflichkeit, wie der Kirchenglaube auf den Teufelswahn fallen konnte, indem er das Böse realistisch hypostasiert, und das Böse, anstatt in der Maxime der Persönlichkeit, letztlich in einer realen Macht des Teufels sucht. Dieser Wahn aber bedeutet eine Einschränkung der Allgenugsamkeit der Gottheit, weshalb Kant die Frage des Irokesenknaben an den ihn unterrichtenden Priester P. Charlevoix, warum Gott den Teufel nicht tot schlage, ganz berechtigt findet (S. 174 d. Relg.).

auch die Person an einen göttlichen Ursprung. Und „auf diesen Ursprung gründen sich nun manche Ausdrücke, welche den Wert der Gegenstände nach moralischen Ideen bezeichnen. Das moralische Gesetz ist heilig (unverletzlich). Der Mensch ist zwar unheilig genug, aber die Menschheit in seiner Person muss ihm heilig sein. In der ganzen Schöpfung kann alles, was man will, und worüber man etwas vermag, auch bloss als Mittel gebraucht werden; nur der Mensch, und mit ihm jedes vernünftige Geschöpf, ist Zweck an sich selbst."[1])

So stellt sich uns in der Person sichtbar die „Achtung erweckende Idee der Persönlichkeit" dar, und die Person selbst ist ein Gegenstand der Achtung. Sie ist aber zugleich in der ganzen sichtbaren Welt der einzige Gegenstand der Achtung, weil sie das einzige „Subjekt des moralischen Gesetzes, welches heilig ist, vermöge der Autonomie seiner Freiheit".[2]) Gegen sie allein haben wir also, als in die Sinnenwelt selbst gestellte Wesen, die nur sichtbar und auf sichtbare Gegenstände auch des Sittengesetzes handeln können, Pflichten. Und unsere Pflichten gegen den Menschen gründen sich eben allein auf die Achtung vor seiner moralischen Anlage. Die Achtung vor der Person ist zugleich Achtung vor dem Moralgesetze, sie ist, weil dieses sich in uns selber, der Anlage nach, darstellt, die auf uns selbst bezogene Achtung vor dem Moralgesetze.[3])

Da wir nun bloss dann sittlich handeln, wenn wir aus Pflicht und aus Achtung fürs Gesetz handeln, so können wir der Person gegenüber, auf die sich unser pflichtvolles Handeln als auf einen Gegenstand der sittlichen Behandlung allein erstrecken kann, nur dann wahrhaft sittlich handeln, wenn wir uns aus Achtung für die Person dazu bestimmen. Denn das allein steht in Eins mit dem Handeln aus Achtung fürs Gesetz. Mögen alle

---

[1]) Kritik der praktischen Vernunft S. 91 f.
[2]) Ebenda.
[3]) Vgl. meine Schrift „Glückseligkeit und Persönlichkeit" S. 68.

anderen Bestimmungsgründe uns noch so gefällig erscheinen, sittlich wertvoll sind sie darum noch nicht.

„Es ist sehr schön, aus Liebe zu Menschen und teilnehmendem Wohlwollen ihnen Gutes zu thun, oder aus Liebe zur Ordnung gerecht zu sein, aber das ist noch nicht die echte moralische Maxime unseres Verhaltens, die unserem Standpunkte, unter vernünftigen Wesen,[1]) als Menschen angemessen ist, wenn wir uns anmassen, gleichsam als Volontaire, uns mit stolzer Einbildung über den Gedanken von Pflicht wegzusetzen, und, als vom Gebote unabhängig, bloss aus eigener Lust das thun zu wollen, wozu für uns kein Gebot nötig wäre. Wir stehen unter einer Disziplin der Vernunft, und müssen in allen unseren Maximen der Unterwürfigkeit unter derselben nicht vergessen, ihr nichts zu entziehen, oder dem Ansehen des Gesetzes (ob es gleich unsere eigene Vernunft giebt) durch eigenliebigen Wahn dadurch etwas abzukürzen, dass wir den Bestimmungsgrund unseres Willens, wenngleich dem Gesetze gemäss, doch worin anders, als im Gesetze selbst, und in der Achtung für dieses Gesetz setzten. Pflicht und Schuldigkeit sind die Benennungen, die wir allein unserem Verhältnisse zum moralischen Gesetze geben müssen. Wir sind zwar gesetzgebende Glieder eines durch Freiheit möglichen, durch praktische Vernunft uns zur Achtung vorgestellten Reiches der Sitten, aber doch zugleich Unterthanen, nicht das Oberhaupt desselben, und die Verkennung unserer niederen Stufe als Geschöpfe, und Weigerung des Eigendünkels gegen das Ansehen des heiligen Gesetzes, ist schon eine Abtrünnigkeit, dem Geiste nach, wenngleich der Buchstabe desselben erfüllt würde."[2])

Kant betont zu wiederholten Malen, dass er sich damit in völliger Übereinstimmung mit dem christlichen Gebote der Gottes-

---

[1]) Neigung und Liebe, sagt Kant, kann sich auch auf Tiere erstrecken. Aber „Achtung geht jederzeit nur auf Personen". Vgl. Kritik der praktischen Vernunft S. 80.

[2]) a a. O. S. 86 f. Vgl. oben § 15.

und Nächstenliebe befinde. Unmittelbar nach der soeben zitierten Stelle heisst es: „Hiemit stimmt aber die Möglichkeit eines solchen Gebotes, als: Liebe Gott über alles und deinen Nächsten als dich selbst, ganz wohl zusammen. Denn es fordert doch, als Gebot, Achtung für ein Gesetz, das Liebe befiehlt, und überlässt es nicht der beliebigen Wahl, sich diese zum Prinzip zu machen. Aber Liebe zu Gott, als Neigung (pathologische Liebe), ist unmöglich; denn er ist kein Gegenstand der Sinne. Eben dieselbe gegen Menschen ist zwar möglich, kann aber nicht geboten werden; denn es steht in keines Menschen Vermögen, jemand bloss auf Befehl zu lieben. Also ist es bloss die praktische Liebe, die in jenem Kern aller Gesetze verstanden wird." Unter dieser praktischen Liebe versteht Kant also die Erfüllung aller seiner Pflichten gegen den Nächsten als göttlicher Gebote.[1])

Und an einer anderen Stelle heisst es in ähnlichem Zusammenhange: „So sind ohne Zweifel auch die Schriftstellen zu verstehen, darin geboten wird, seinen Nächsten, selbst unseren Feind zu lieben. Denn Liebe als Neigung kann nicht geboten werden, aber Wohlthun aus Pflicht, selbst wenn dazu gar keine Neigung treibt, ja sogar natürliche und unbezwingliche Abneigung widersteht, ist praktische, nicht pathologische Liebe, die im Willen liegt und nicht im Hange der Empfindungen, in Grundsätzen der Handlung und nicht in schmelzender Teilnehmung; jene aber allein kann geboten werden."[2])

Diese Unterscheidung zwischen dem Hang der Empfindungen und dem Willen, zwischen schmelzender Teilnehmung und den Grundsätzen der Handlung rücksichtlich der Liebe, an der darum selbst pathologische und praktische Liebe unterschieden wird, ist sehr bedeutsam. Wenn wir aus Liebe im gewöhnlichen Sinne des Wortes (pathologischer Liebe) handeln, so mag das, wie Kant sagt, „sehr schön" sein, aber sittlich ist es nicht. Mit dem Ge-

---

[1]) Ebenda.
[2]) Grundlegung zur Metaphysik der Sitten S. 247.

bote der praktischen Liebe dagegen ist die spontane Willensthat gefordert, den Nächsten als einen Gegenstand der Pflicht zu betrachten, ihn als „Subjekt des moralischen Gesetzes", welches er in seiner Person darstellt, zu achten.

Kapitel V.
Vom Wesen der Religion.

Unsere vorhergehenden Untersuchungen haben uns, wie es scheint, mit immanenter Notwendigkeit, auf religiöse Fragen und Probleme geführt. Die ethischen Gesichtspunkte leiteten notwendig zu religiösen hinüber. Kant selbst sagt, dass das notwendig so sei. Die Moral „bedarf zwar keineswegs der Religion, sondern, vermöge der reinen praktischen Vernunft, ist sie sich selbst genug".[1] Doch „führt sie unumgänglich zur Religion".[2] Wir haben das in den vorhergehenden Untersuchungen mit aller Deutlichkeit gesehen. Die „sittlichen Begriffe" stehen ganz und gar für sich fest, und der Mensch „bedarf weder der Idee eines anderen Wesens über ihm, um seine Pflicht zu erkennen, noch einer anderen Triebfeder, als des Gesetzes selbst, um sie zu beobachten",[3] weil er „keines materialen Bestimmungsgrundes der freien Willkühr"[4] bedarf. Man könnte also ohne die Idee Gottes, und ohne diesen Namen zu kennen, durchaus moralisch handeln und ein sittlich wertvoller Mensch sein — also den höchsten und, nach Kant, einzigen Wert in sich darstellen, den der Mensch in sich darzustellen vermag. Nur wenn wir nach der Möglichkeit der Moralität in metaphysischer Absicht fragen, wobei aber diese Art Metaphysik selbst keine theoretisch-konstitutive ist, sondern

---

[1] Die Religion innerhalb der Grenzen der blossen Vernunft S. 97.
[2] a. a. O. S. 100.
[3] a. a. O. S. 97.
[4] Ebenda.

lediglich eine praktisch-postulative bleibt, also nicht wenn es sich darum handelt, moralisch zu sein, sondern die Möglichkeit der Moralität uns, wenn auch nicht als theoretisch-begriffliche Einsicht, sondern praktisch fasslich zu machen, kurz nicht durch Moralität, sondern durch Moral[1]) werden wir auf die Idee Gottes und damit zur Religion geführt. Es ist damit aber noch gar nicht ausgemacht, ob wir nun auch gleich auf einen prinzipiell von dem der Moral verschiedenen Standpunkt gelangt sind, oder nicht, und was der Standpunkt der Religion überhaupt bedeutet. Das können wir erst entscheiden, wenn wir uns deren Prinzip selbst genauer angesehen haben.

§ 19.
Das Prinzip der Religion.

Um das Prinzip der Religion und deren einzigen Gegenstand, die Gottheit, handelt es sich. Wollen wir verstehen, wie wir zu einem Prinzip der Religion gelangen können, so müssen wir uns bewusst bleiben, wie wir überhaupt zur Idee der Gottheit gelangt sind. Zu dieser kamen wir aber, das sahen wir in den vorigen Ausführungen, durch die Idee der vollkommenen Angemessenheit zum Moralgesetze. So setzt die Religion schon Moral voraus, die erst zu ihr führt, indem die Moral selbst, wie Kant sagt, „aus sich die Idee der Gottheit erzeugte". Wenn also auch Moral ohne Religion möglich ist, so ist doch echte Religion nicht ohne Moral möglich. Und alle moralose Religion ist Afterreligion, Scheinreligion. Das Prinzip der Religion ist nichts ohne das der Moral. Das Prinzip der Moral nun ist die Autonomie, also ist auch das Prinzip der Religion nicht ohne Autonomie möglich.

Wie wir von diesem durch die Idee des höchsten Gutes mit der in ihr enthaltenen Idee der vollkommenen Angemessenheit

---

[1] Hier wird nun die Notwendigkeit jener Unterscheidung vom Theoretischen und Praktischen, von der wir im zweiten Teil der Arbeit ausgingen, ganz besonders evident.

zum Moralgesetze erst zur Idee der Gottheit gelangten, und damit zum Gegenstande der Religion, so konnten wir die Gottheit selbst erst als die der Idee des höchsten Gutes korrespondierende Darstellung dieser Idee ansehen. Die Moral „erweitert"[1]) sich also zur Religion durch „die Idee eines machthabenden moralischen Gesetzgebers ausser dem Menschen, in dessen Willen dasjenige Endzweck (der Weltschöpfung) ist, was zugleich der Endzweck des Menschen sein kann und sein soll".[2])

In diesem Willen wird die vom Moralgesetze aufgegebene Vollkommenheit objektiv gedacht und darum können die vom Moralgesetze aufgegebenen Pflichten selbst als göttliche Gebote angesehen werden. Religion ist darum selbst der Inbegriff „aller unserer Pflichten als göttlicher Gebote".[3])

Sie ist darum nicht zu verwechseln mit der Theologie, wie es so oft geschieht. Denn oft werden schon gewisse Lehren, die als göttliche Offenbarungen ausgegeben werden, und der Glaube daran, für Religion gehalten, während das doch nur Theologie und dann den Glauben an theologische Lehren bedeutete. Ein Glaube, der „an sich kein Verdienst, und der Mangel desselben, ja sogar der ihm entgegenstehende Zweifel an sich keine Verschuldung" ist.[4]) Denn selbst dieser Glaube, sofern er inhaltlich bestimmt ist, liesse sich eben wieder nur als blosser Inhalt des Gesetzes, nicht aber als die allein massgebende Form desselben ansehen. Er kann darum niemals als für alle giltig geboten werden, weil sich Meinungen überhaupt nicht gebieten lassen, und weil ein aufgezwungener Glaube eben nie im Inneren der Person wurzelt. „Das Glauben verstattet keinen Imperativ", sagt Kant.[5]) Wenn es aber geboten wird, so führt es zur Heuchelei und Unaufrichtigkeit, eben weil ein Glauben auf Befehl ein Unding ist, und das wahre

---

[1]) Die Religion innerhalb der Grenzen der blossen Vernunft S. 100.
[2]) a. a. O. ebenda.
[3]) Streit der Fakultäten S. 353.
[4]) a. a. O. S. 358.
[5]) a. a. O. S. 350.

Glauben die ureigenste Funktion der Persönlichkeit sein muss. Unter diesem Betracht wird selbst für den gemeinen Verstand der Glaube in seinem Wert immer abhängig gedacht vom dem wirklichen, innerlichsten Erleben des Einzelnen. Er wird also selbst vom gemeinen Bewusstsein unter dem Wertmass des Sittlichen beurteilt, d. h. für verwerflich erachtet, wenn er nur auf Befehl angenommen wird. „Denn dieser Glaube ist so wahrhaftig ein Thun, das durch Furcht abgezwungen wird, dass ein aufrichtiger Mensch eher jede andere Bedingung als diese eingehen möchte, weil er bei allen anderen Frohndiensten allenfalls nur etwas Überflüssiges, hier aber etwas dem Gewissen in einer Deklaration, von deren Wahrheit er nicht überzeugt ist, Widerstreitendes thun würde."[1]) Man sieht also, wie die wahre Religion an einen inhaltlichen, oder sagen wir, dogmatischen Glauben nie gebunden sein kann, weil er dem Gewissen des Einzelnen zuwider sein könnte. Daraus würde die Vernichtung aller Autonomie der Persönlichkeit, mithin des Moralprinzips und aller Moralität, und da diese die unerlässliche Voraussetzung zur Religion sind, auch die Vernichtung aller Religion folgen. Diese duldet keinen Zwang.

Es wäre darum nicht allein logisch verkehrt, sondern auch für die Moral höchst gefährlich und verderblich, für unser Handeln eine Wertbestimmung etwa „aus dem theologischen Begriff von einem allervollkommensten Wesen abzuleiten, nicht bloss deswegen, weil wir seine Vollkommenheit doch nicht anschauen, **sondern sie von unseren Begriffen, unter denen der der Sittlichkeit der vornehmste ist, allein ableiten können,** sondern weil, wenn wir dieses nicht thun (wie es denn, wenn es geschähe, ein grober Zirkel im Erklären sein würde), der uns noch übrige Begriff seines Willens aus den Eigenschaften der Ehr- und Herrschbegierde, mit den furchtbaren Vorstellungen der Macht und des Nacheifers verbunden, zu einem System der Sitten, welches

---

[1]) Die Religion innerhalb der Grenzen der blossen Vernunft S. 270 f.

der Moralität gerade entgegengesetzt wäre, die Grundlagen machen müsste." [1])

So zeigt sich durch die Gegenüberstellung von Theologie und Religion zunächst negativ, dass sich auch rücksichtlich der Religion alles Gebieten etwelchen inhaltlichen Glaubens als ebenso unmöglich erweist, wie rücksichtlich der Moral das Gebieten etwelchen inhaltlichen Thuns, eben weil das Glauben selbst ein Thun ist. Und der religiöse Glaube: seine Pflichten als göttliche Gebote aufzufassen, und sie als solche zu erfüllen, ist selbst lediglich Glaubensprinzip, das sich materialiter in keiner Weise vom Moralprinzip unterscheidet. Darum wird zugleich positiv klar: die Religion ist nur dann wahrhaft Religion, wenn ihr Prinzip rein moralisch ist, wenn wir ein wahrhaft „moralisches Prinzip der Religion" zu Grunde legen. [2]) Durch dieses kann uns also nichts Anderes geboten werden, als durch das Moralprinzip selbst, d. h. allein ein guter Lebenswandel. Und „alles, was ausser dem guten Lebenswandel der Mensch noch thun zu können vermeint, um Gott wohlgefällig zu werden, ist blosser Religionswahn und Afterdienst Gottes". [3])

Also „nicht der Inbegriff gewisser Lehren als göttlicher Offenbarungen (denn das heisst Theologie), sondern der aller unserer Pflichten, als göttlicher Gebote (und subjektiv der Maxime, sie als solche zu befolgen) ist Religion". [4]) Es mag darum noch so viele Inbegriffe gewisser Lehren als göttlicher Offenbarungen geben, d. h. noch so viele inhaltlich bestimmte Glaubensarten und Theologieen; wie es nur eine Moral giebt, wie moralisch sein

---

[1]) Grundlegung zur Metaphysik der Sitten S. 291. Kant hat hier die unwürdige Gottesidee im Sinne, wie sie fürs Judentum charakteristisch ist, und die auch das Christentum, das, nach Kants Überzeugung, selbst noch zu viel Judentum in sich enthält, nicht genugsam geläutert hat. Wir kommen darauf zurück.

[2]) Die Religion innerhalb der Grenzen der blossen Vernunft S. 270.
[3]) a. a. O. ebenda.
[4]) Streit der Fakultäten S. 353.

nichts anderes heisst, als „aus Pflicht" handeln, so giebt es auch nur eine Religion, so heisst religiös sein nichts anderes, als seiner Pflicht den Wert eines göttlichen Gebotes zuerkennen, und darum um der Pflicht selbst willen handeln.

Diese erkennen wir aber lediglich durch die a priori gesetzgebende Vernunft, eben weil diese allein in der Form der Autonomie der Persönlichkeit gesetzgebend ist und auch, indem sie bestimmt, was Pflicht ist, zugleich bestimmt, was göttliches Gebot ist. Pflicht und göttliches Gebot sind ein und dasselbe nur von verschiedenen Seiten betrachtet. Also die Religion muss „überhaupt auf Vernunft gegründet und natürlich sein", sagt Kant, und sie „unterscheidet sich nicht der Materie, d. i. dem Objekte nach in irgend einem Stücke von der Moral, denn sie geht auf Pflichten überhaupt, sondern ihr Unterschied von dieser ist bloss formal, d. i. eine **Gesetzgebung der Vernunft, um der Moral durch die aus dieser selbst erzeugte Idee von Gott auf den menschlichen Willen zur Erfüllung aller seiner Pflichten Einfluss zu geben"**.[1])

Damit ist das Prinzip der Religion und das in ihrem Wesen liegende Ziel festgestellt. Es ist die Aufgabe des guten Lebenswandels, der auf dem Bewusstsein der Pflicht und der ihm entsprechenden Maxime sich aufbaut, also die Aufgabe, wie Kant sagt, „Tugend in der Welt zu verbreiten".

§ 20.
Die Mittel zur Erfüllung der religiösen Aufgabe.

Das religiöse Prinzip, das nichts anderes ist, als das auf Gott als den sittlichen Weltgrund bezogene Moralprinzip, stellt also keine andere Aufgabe, wie eben das Moralprinzip selbst. Es will diesem nur durch die Idee Gottes Einfluss auf den menschlichen Willen verschaffen. Damit ist das letzte und höchste Ziel dasselbe geblieben. Es ist nur eine neue Aufgabe zur Er-

---

[1]) a. a. O. S. 252 f.

reichung dieses Zieles mitgestellt; eine Aufgabe, deren Erfüllung aber keineswegs leicht ist. Denn dadurch, dass unser Wille als das einzig Gute, das in der Welt, ja auch ausserhalb derselben zu denken möglich ist, erkannt wird, dass in ihn und seine Maxime alle Wertbeurteilung zurückverlegt ist und nicht in die äusserliche That, den äusseren Erfolg gesetzt wird, lässt es, wie wir es von Kant schon erfuhren, die sittliche religiöse Aufgabe nicht etwa bei einer sogenannten guten Meinung bewenden, wonach der Mensch sich in bloss passiver Ergebung leidend verhalten müsste. Vielmehr wird gerade dadurch, dass der Wille die letzte Instanz der Wertentscheidung und zugleich das Vermögen der Spontaneität ist, alles in die Mühe und „eigene Kraftaufwendung", denn nichts anderes ist der gute Wille, gesetzt,[1] mag allerdings dabei herauskommen, was es auch sei. Nur das redliche Bemühen, das Sittengesetz zu verwirklichen, wird verlangt von der Moral und von der Religion.

Aber selbst wenn man, wie Moral und Religion es wollen, von dem Äusserlichen des Effekts absieht, und alles auf das redliche Bemühen der Person ankommen lässt, ergeben sich für dieses doch ganz gewaltige Schwierigkeiten, sich auch nur als solches auszuwirken. Wir erinnern uns, dass Kant[2] von der Unbegreiflichkeit des Bösen gesprochen hatte, das trotz der göttlich gewirkten ursprünglichen Anlage zum Guten in uns mächtig sei und unsere Maxime verkehre. Und dieses Böse in uns ist es auch, was sich dem redlichen Bemühen der Person, das Gute zu verwirklichen und in einem guten Lebenswandel darzustellen, widersetzt, oder es gar nicht aufkommen lässt. „In diesem gefahrvollen Zustande ist der Mensch gleichwohl durch seine eigene Schuld;[3] folglich ist er verbunden, soviel er vermag, wenigstens Kraft an-

---

[1] Vgl. § 15 und § 17.
[2] Vgl. ebenfalls § 17.
[3] Hier denkt Kant an die „intelligible That" der Persönlichkeit, während in den folgenden Bemerkungen der Schwerpunkt der Betrachtung auf das reale Verhältnis von Person zu Person verlegt wird.

zuwenden, um sich aus demselben herauszuarbeiten. Wie aber? Das ist die Frage. — Wenn er sich nach den Ursachen und Umständen umsieht, die ihm diese Gefahr zuziehen und ihn darin erhalten, so kann er sich leicht überzeugen, dass sie ihm nicht sowohl von seiner eigenen rohen Natur, sofern er abgesondert da ist, sondern von Menschen kommen, mit denen er in Verhältnis oder Verbindung steht. Nicht durch die Anreize der ersteren werden die eigentlich so zu benennenden Leidenschaften in ihm rege, welche so grosse Verheerungen in seiner ursprünglich guten Anlage anrichten. Seine Bedürfnisse sind nur klein, und sein Gemütszustand in Besorgung derselben gemässigt und ruhig. Er ist nur arm (oder hält sich dafür) sofern er besorgt, dass ihn andere Menschen dafür halten und darüber verachten möchten. Der Neid, die Herrschsucht, die Habsucht und die damit verbundenen feindseligen Neigungen bestürmen seine an sich genügsame Natur, wenn er unter Menschen ist, und es ist nicht einmal nötig, dass diese schon als im Bösen versunken und als verleitende Beispiele vorausgesetzt werden; es ist genug, dass sie da sind, dass sie ihn umgeben, und dass sie Menschen sind, um einander wechselseitig in ihrer moralischen Anlage zu verderben und sich einander böse zu machen." [1]) Danach genügt es also, bloss ein Mensch unter Menschen zu sein, um allen Gefahren der Bosheit und Verderbnis preisgegeben zu sein; im anderen „durch einen Zustand der unaufhörlichen Befehdung", die Würde der Person nicht nur nicht zu achten, sondern sie zu zerstören und die Anlage zum Guten zu verderben. Ein Zustand des Neides, der Habsucht und Herrschsucht ist ein Zustand des Krieges aller gegen alle, und zu ihm scheint uns das Böse in unserer Natur verurteilen zu wollen. Kant selbst weist auf Hobbes und seinen Begriff des bellum omnium in omnes hin. Nur möchte er für ‚bellum' lieber ‚status belli' gesetzt wissen, um gleich anzudeuten, dass, wenn auch wirklich nicht immer offenkundige Feindselig-

---

[1]) Die Religion innerhalb der Grenzen der blossen Vernunft S. 189 ff.

keiten herrschen, doch der Mensch immer eigener und fremder Willkühr trotz aller moralischen Anlage anheimgegeben ist, solange er nur als Mensch unter Menschen sich in einem ethischen Naturzustande befindet.[1]) So kann „durch die Bestrebung der einzelnen Person zu ihrer eigenen moralischen Vollkommenheit allein"[2]) gar nichts ausgerichtet werden. Immer wieder wird sie, solange sie allein sich auch noch so redlich bemüht, von ihrem Ziele durch die Widerwärtigkeiten des Lebens, durch unzählige „Ursachen und Umstände", die einfach das menschliche Zusammensein mit sich bringt, von ihrem Ziele abgezogen und fortgerissen. So erhebt sich eine Pflicht des Menschen, sich ledig zu machen von jenen Widrigkeiten, die ihn von seiner sittlichen Bestimmung abführen, eine Pflicht, sich ihrer Versuchung zu entheben. Aber was ist das für eine Pflicht; wie lässt sie sich näher bestimmen, und wie ist ihre Verwirklichung selbst möglich?

Eine Pflicht ganz eigener Art ist es, die hier den Menschen erwächst; eine Pflicht, nicht „der Menschen gegen Menschen, sondern des menschlichen Geschlechtes gegen sich selbst".[3]) Eben weil die einzelne Person mit ihrem alleinigen Bemühen um moralische Vollkommenheit nichts ausrichtet, diese aber ihre Aufgabe ist und bleibt, also auch muss erfüllt werden können, so kann nur die Gattung es sein, die, durch ihren Zusammenschluss sich aus dem ethischen Naturstande erhebend, den sittlichen Zweck der Menschheit überhaupt, mithin auch des Einzelnen erfülle. Das sittliche Ziel ist also „nicht anders erreichbar, als durch Errichtung und Ausbreitung einer Gesellschaft nach Tugendgesetzen und zum Behufe derselben; eine Gesellschaft, die dem ganzen Menschengeschlecht in ihrem Umfange, sie zu beschliessen, durch die Vernunft zur Aufgabe und zur Pflicht gemacht wird. — Denn so allein kann für das gute Prinzip über das Böse ein Sieg er-

---

[1]) a. a. O. S. 194.
[2]) a. a. O. S. 195.
[3]) a. a. O. ebenda.

hofft werden. Es ist von der moralisch-gesetzgebenden Vernunft ausser den Gesetzen, die sie jedem Einzelnen vorschreibt, noch überdem eine Fahne der Tugend als Vereinigungspunkt für alle, die das Gute lieben, ausgesteckt, um sich darunter zu versammeln, und so allererst über das sie rastlos anfechtende Böse die Oberhand zu bekommen".[1]) Wir sind also von der Vernunft selbst angewiesen, uns zu einer „ethischen Gemeinschaft" unter „blossen Tugendgesetzen", zu einem „ethischen gemeinen Wesen" zu verbinden, um wirklich „Tugend in der Welt zu verbreiten".[2]) Dadurch wird der vorhin gekennzeichnete entgegengesetzte Zustand wechselseitiger Befehdung, den man auch den „ethischen Naturzustand" nennen kann, in dem keine Ordnung und kein Gesetz herrscht, in dem „ein jeder sich selbst das Gesetz giebt",[3]) nach seiner Willkühr, sich keiner höheren Instanz unterwirft, überwunden. Im „ethisch-bürgerlichen" Gesellschaftszustande — so genannt in Analogie zum politisch-bürgerlichen, weil unter Gesetzen stehenden Zustande — dagegen ist jeder einer allgemeingiltigen Konstitution unterworfen.

Daraus ergeben sich nun wiederum neue Schwierigkeiten: Zunächst liegt eine, gleichsam antinomisch, in der Idee des ethischen Gemeinwesens selbst. Das Gute, das wir vollbringen können, vermögen wir allein durch unseren eigenen Willen zu wirken, indem wir uns selber das Gesetz geben. Nun soll aber, Kant sagt es ausdrücklich, im ethischen Gemeinwesen nicht „jeder sich selbst das Gesetz geben", sondern sich allgemeinen Tugendgesetzen und einer von diesen bestimmten Konstitution unterordnen. Das scheint ein Widerspruch zu sein; scheint es aber auch nur zu sein, und sein Schein lässt sich leicht auflösen. Wenn wir nämlich sagen: im ethischen Naturzustande giebt ein jeder sich selbst das Gesetz, das er sich im ethisch-bürgerlichen Zustande nicht mehr geben darf; und wenn wir auf der anderen Seite sagen: wir können nur

---

[1]) a. a. O. S. 190.
[2]) a. a. O. ebenda.
[3]) a. a. O. S. 192.

Gutes durch den sich selbst das Gesetz gebenden Willen wirken, so verstehen wir beidemal unter der Selbstgesetzgebung etwas ganz Verschiedenes. Das erste Mal ist die Gesetzgebung durch Neigung und Willkühr gemeint, die unter ethischem Betracht Gesetzlosigkeit bedeutet. Sagen wir aber: wir können nichts Gutes wirken ausser durch den eigenen guten Willen, so ist das die Gesetzgebung durch Autonomie. Wir sind auch in diesem Falle unsere eigenen Gesetzgeber, aber die Gesetzgeber nicht durch Willkühr, sondern durch Freiheit. Wir hören im ethischen gemeinen Wesen auf, unsere eigenen Gesetzgeber zu sein, wenn wir unter der Gesetzgebung die selbstische Bestimmung durch Neigung und Willkühr verstehen; aber wir fangen erst an, selbsteigene Gesetzgeber zu werden, wenn wir die Gesetzgebung durch Freiheit und Autonomie meinen.

Die Tugendgesetze, denen wir uns in der „ethischen Gemeinschaft" unterwerfen sollen, sind also Gesetze, die wir uns selbst geben durch unsere Autonomie: Gesetze durch Freiheit. Dass wir uns selbst durch Freiheit das Gesetz geben, das ist der Inbegriff der Tugendgesetzgebung, und ihr oberstes Gesetz selbst. Der Zusammenschluss der Menschen durch Tugendgesetzgebung und zur Tugendgesetzgebung bedeutet also den Zusammenschluss zu gemeinsamem sittlichen Wirken durch die Freiheit und Autonomie der Persönlichkeit. Die Tugendgesetze sind also keine politischen oder dogmatischen Gesetze durch Zwang. „Wehe dem Gesetzgeber," sagt Kant, „der eine auf ethische Zwecke gerichtete Verfassung durch Zwang begründen wollte." [1]) Ein solches Bemühen, wie es etwa eine politische Gesetzgebung in einem thorheitsvollen Beginnen anstreben könnte, müsste gerade, weil es die Freiheit aufzuheben trachtete, auch alle Moralität vernichten, alle sittliche Verfassung unmöglich machen. Aber nicht bloss diese; es würde „nicht allein gerade das Gegenteil der ethischen bewirken, sondern auch seine politische untergraben und unsicher machen."[2])

[1]) a. a. O. S. 198.
[2]) a. a. O. ebenda.

Die Konstitution der ethischen Gemeinschaft ist also keine Konstitution des Zwanges, sondern selbst eine Konstitution der Freiheit. Ihre Grundsätze müssen alle Grundsätze der Freiheit sein, eines jeden Einzelnen sittliche Freiheit des Gewissens wahren, und sie müssen sich darum selbst alle einigen in dem obersten Grundsatz der Autonomie. Die in der Idee des „ethischen gemeinen Wesens" liegende Schwierigkeit ist also aufgelöst. Es erhebt sich aber gleich eine neue, wenn wir fragen, wie wir die Idee verwirklichen können.

„Die erhabene, nie völlig erreichbare Idee eines ethischen gemeinen Wesens verkleinert sich sehr unter menschlichen Händen, nämlich zu einer Anstalt, die allenfalls nur die Form derselben rein vorzustellen vermögend, was aber die Mittel betrifft, ein solches Ganze zu errichten, unter Bedingungen der sinnlichen Menschennatur sehr eingeschränkt ist." [1]) Denn wir können uns dem Ziele nicht anders nähern, als unter der Form einer Kirche, und diese muss leider immer von einem historischen Glauben ausgehen, der zu seiner Festlegung und Mitteilung einer Schrift bedarf. Alle historischen Glaubensarten, sagt Kant, die Parsis und Muhammedaner, die Griechen und die Römer, die Juden und die Christen haben ihre heiligen Bücher gehabt, und haben sie noch. Aber diese heiligen Bücher, — die heilige Schrift, wie man auch sagt — so notwendig sie als „Vehikel" der Mitteilung von Vernunftideen sein mögen, bergen doch eine grosse Gefahr in sich. Als ob es unvermeidlich wäre, knüpft sich an den Gedanken über den Ursprung der Schrift der „Illuminatismus" oder „Adeptenwahn", d. h. der Glaube an „die gewähnte Verstandeserleuchtung in Ansehung des Übernatürlichen"[2]) und damit hängt analytisch der Glaube an göttliche Gnadenwirkungen, den Kant auch den „Wahnsinn der Schwärmerei" nennt, sowie der Wunderglaube, von Kant auch „Blödsinn des Aberglaubens" genannt, zusammen. Und

---

[1]) a. a. O. S. 198.
[2]) Kant bezeichnet damit also, was man sonst Inspiration nennt.

diese beiden Arten des „Religionswahns", der Glaube an Gnadenwirkungen und der Wunderglaube vereinigen sich zur „Thaumaturgie". Diese ist nämlich der Wunderglaube, von Gott in Besitz der Geheim- und Gnadenmittel selbst gesetzt zu sein. Alle diese „Verirrungen einer über ihre Schranken hinausgehenden Vernunft" haben ihre Wurzeln im Kirchenglauben.[1]) Auf diesen Verirrungen beruht aber gleich noch eine für die Moral und Religion verhängnisvoll werdende andere. Gerade infolge des Wunder- und Gnadenmittel-Glaubens nehmen die Menschen die Schrift nicht von der Seite, von der sie eine gute Bedeutung hätte, d. h. nicht als blosses „Vehikel" zur sittlich-religiösen Vernunfterziehung, sondern als etwas an sich selbst Wertvolles und Verbindliches hin. Wenn ihnen nun der Schriftglaube (und fast jeder Schriftglaube thut das) ausser dem guten Lebenswandel noch statutarischen Gottesdienst auferlegt, durch vorgeschriebenes „Beten, Kirchengehen, Sakramente",[2]) „durch Formeln der Anrufung" und durch „Bekenntnisse eines Lohnglaubens", kurz den „ganzen Kram frommer auferlegter Observanzen",[3]) so halten sie sich lieber an diese leichten, äusserlichen, vernunftlosen Gebote, als allein an den wahren, vernünftigen Gottesdienst des guten Lebenswandels. „Sie können sich ihre Verpflichtung nicht wohl anders, als zu irgend einem Dienst denken, den sie Gott zu leisten haben; wo es nicht sowohl auf den inneren moralischen Wert der Handlungen, als vielmehr darauf ankommt, dass sie Gott geleistet werden, um, so moralisch indifferent sie auch an sich selbst sein mögen (doch wenigstens durch passiven Gehorsam), dadurch Gott zu gefallen. Dass sie, wenn sie ihre Pflichten gegen Menschen (sich selbst und andere) erfüllen, eben dadurch auch göttliche Gebote ausrichten, mithin in allem ihren Thun und Lassen, sofern es Beziehung auf Sittlichkeit hat, beständig im Dienste Gottes sind, und dass es auch schlechterdings unmöglich

---

[1]) a. a. O. S. 147 f., S. 199 f., S. 213 f.
[2]) Streit der Fakultäten S. 371.
[3]) Religion innerhalb der Grenzen der blossen Vernunft S. 278.

sei, Gott auf andere Weise zu dienen (weil sie doch auf keine anderen, als bloss auf Weltwesen, nicht aber auf Gott wirken und Einfluss haben können), will ihnen nicht in den Kopf."[1]

So ist ihr Gottesdienst kein wahrer Gottesdienst, sondern ein unwürdiger „Frohn- und Lohndienst", der Gott durch Anbetung zum „Idol" und „Fetisch" macht, also selbst „Idolatrie" und „Fetischdienst" ist.[2]

Und „die Verfassung einer Kirche, sofern in ihr Fetischdienst regiert", heisst „Pfaffentum"; gleichviel ob der „auferlegten Observanzen" viel oder wenige, ob sie leicht oder schwer sind; „genug, wenn sie für unbedingt notwendig erklärt werden, so ist das immer ein Fetischglauben, durch den die Menge regiert und durch den Gehorsam unter einer Kirche (nicht der Religion) ihrer moralischen Freiheit beraubt wird."[3]

Das Viel oder Wenig macht hier nichts aus, es kommt alles aufs Prinzip an: „Ob der Andächtler seinen statutenmässigen Gang zur Kirche, oder ob er eine Wallfahrt nach den Heiligtümern in Loretto oder Palästina anstellt, ob er seine Gebetsformel mit den Lippen oder, wie der Tibetaner (welcher glaubt, dass diese Wünsche auch schriftlich aufgesetzt, wenn sie nur durch etwas, z. B. auf Flaggen geschrieben, durch den Wind, oder in eine Büchse eingeschlossen, als eine Schwungmaschine mit der Hand bewegt werden, ihren Zweck ebenso gut erreichen), es durch ein Gebetrad an die himmlische Behörde bringt, oder was für ein Surrogat des moralischen Dienstes Gottes es auch immer sein mag, das ist alles einerlei und von gleichem Wert."[4] Die Manier macht nichts und das Prinzip macht alles. Mögen sich die Menschen, denen die Hauptsache am Statutarischen liegt, in ihrer Manier noch so sehr unterscheiden, so gehören sie dennoch „insgesamt zu einer und derselben Klasse, derer nämlich, die in dem,

---

[1] a. a. O. S. 200.
[2] a. a. O. S. 147 f., S. 199 f., S. 284 f.
[3] a. a. O. S. 279.
[4] a. a. O. S. 272.

was an sich keinen besseren Menschen ausmacht (im Glauben gewisser statutarischer Sätze, oder im Begehen gewisser willkührlicher Observanzen), ihren Gottesdienst setzen, diejenigen allein, die ihn lediglich in der Gesinnung eines guten Lebenswandels zu finden gemeint sind, unterscheiden sich von jenen durch den Überschritt zu einem ganz anderen und über das erste weit erhabenen Prinzip, demjenigen nämlich, wodurch sie sich zu einer (unsichtbaren) Kirche bekennen, die alle Wohldenkenden in sich befasst, und, ihrer wesentlichen Beschaffenheit nach, allein die wahre allgemeine sein kann". [1])

Wir stossen hier wieder auf eine Art von Antinomie: Die Vernunft giebt uns einerseits selbst einen ethischen Zusammenschluss auf, der nur möglich ist durch die Kirche mit einem historischen Glauben, der auch Offenbarungsglaube heisst; und doch steht es auf der anderen Seite unabweislich fest: „Die enge Pforte und der schmale Weg, der zum Leben führt, ist der des guten Lebenswandels; die weite Pforte und der breite Weg, den viele wandeln, ist die Kirche. Nicht als ob es an ihr und ihren Satzungen liege, dass Menschen verloren werden, sondern dass das Gehen in dieselbe und Bekenntnis ihrer Statute oder Celebrierung ihrer Gebräuche für die Art genommen wird, durch die Gott eigentlich gedient sein will."[2]) Um religiös zu werden also bedürfen wir dieses Zusammenschlusses, und doch fängt wahre Religiosität erst da an, wo die Kirche aufhört.

Damit haben wir aber die Auflösung auch dieser Autonomie bereits angedeutet. Die Konstitution des ethischen gemeinen Wesens geht zwar aus von einem historischen Glauben, ist historisch also auf ihm basiert; aber doch nicht vernunftnotwendig mit ihm verknüpft oder gar rechtlich auf ihm gegründet. Unter dem Gesichtspunkte der Vernunft und der wahren Vernunftreligion betrachtet, ist der historische Glaube „etwas an sich Gleichgiltiges, mit dem man es halten kann, wie man will" . . . er ist „tot an

---

[1]) a. a. O. S. 275 f.
[2]) a. a. O. S. 258.

ihm selber, d. i. für sich als Bekenntnis betrachtet, enthält er nichts, führt auch auf nichts, was einen moralischen Wert für uns hätte".[1]) Allein, wenn er auch keinen Wert an sich hat, so hat er doch Wert als Mittel, als „Vehikel", bei der „Absicht, einen Glauben zu introduzieren", in unserem Falle den Vernunftglauben zu introduzieren, da der Mensch „zu den höchsten Vernunftbegriffen und Gründen immer etwas Sinnlich-Haltbares" zu wünschen pflegt, wozu „irgend ein historischer Kirchenglaube, den man auch gemeiniglich schon vor sich findet, benutzt werden muss".[2]) Dieser ist zu dem Zweck allein wertvoll. Und so kommt alles darauf an, ihm nur ja keinen Wert an sich selbst beizulegen, oder gar ihn höher zu stellen, als den in einem guten Lebenswandel sich bethätigenden Gesinnungsglauben, vielmehr ist er lediglich als ein Vehikel zur Mitteilung sittlicher Ideen, um zum guten Lebenswandel die Menschen heranzubilden, zu betrachten; und ohne ihm etwelchen zur Heuchelei führenden Zwang auf unsere theoretischen Überzeugungen zu verstatten. Nur so dürfen wir erwarten, dass er einen Zweck erfüllen wird, und, dass wir werden ihn „endlich entbehren können".[3])

Dann wird das „Pfaffentum" und der „Afterdienst Gottes" ins Nichts zurücksinken. „Der erniedrigende Unterschied zwischen Laien und Klerikern hört auf, und Gleichheit entspringt aus der wahren Freiheit, jedoch ohne Anarchie, weil ein Jeder zwar dem (nicht statutarischen) Gesetz gehorcht, das er sich selbst vorschreibt, das er aber zugleich als den ihm durch Vernunft geoffenbarten Willen des Weltherrschers ansehen muss, der alle unter einer gemeinschaftlichen Regierung unsichtbarer Weise in einem Staate verbindet, welcher durch die sichtbare Kirche vorher dürftig vorgestellt und vorbereitet war."[4]) So wird das Wort

---

[1]) a. a. O. S. 209.
[2]) a. a. O. S. 207.
[3]) a. a. O. S. 213.
[4]) a. a. O. S. 220.

des Lukas erfüllt sein, der da sagt: „Das Reich Gottes kommt nicht in sichtbarer Gestalt. Man wird auch nicht sagen: siehe, hier oder da ist es. Denn sehet, das Reich Gottes ist inwendig in euch."[1])

Kapitel VI.
Der Vergleich.

Wir haben die moral- und religionsphilosophischen Anschauungen Kants, soweit sie für unseren Zusammenhang von Bedeutung und Interesse sind, dargestellt. Es bleibt uns nunmehr bloss noch übrig, sie denen Luthers gegenüberzuhalten, sie dem gegenüberzustellen, was wir als Resultat unserer Untersuchungen über Luthers ethisch-religiöses Denken ermittelt hatten. Es besteht natürlich nicht bloss Übereinstimmung, sondern auch Gegensätzlichkeit zwischen Beiden. Aber der Gegensatz zwischen Luther und Kant ist in Luther selbst schon derart angelegt, dass seine Überwindung zur Übereinstimmung führt, wenn diese auch nicht vollständige Deckung bedeutet.

Wir beginnen mit den Gegensätzen, und stellen dann die übereinstimmenden Momente dar:

§ 21.
Der inhaltliche Gegensatz.

Wenn wir die Bemerkungen, in denen wir die Darstellung der Kantischen Gedanken beschlossen haben, mit denen vergleichen, durch die wir die Darlegung der Lutherischen Ideen einleiteten, so zeigt sich ein ungeheurer Abstand: Auf Seiten Luthers ein starrer Dogmatismus, ein hartnäckiger Schrift- und Buchstabenglaube, auf Seiten Kants eine Überwindung des „an sich toten"

---

[1]) a. a. O. S. 235; hier verweist Kant direkt auf die angeführte Stelle des Lukas."

Schriftglaubens durch die Vernunft, eine entschiedene Ablehnung des Orthodoxismus und Dogmatismus. Luther hält mit unnachgiebiger Starrheit fest an dem Schriftglauben und misst ihm nicht bloss einen ungemein hohen, sondern einen absoluten Wert bei; Kant hält ihn im günstigsten Falle für ein Vehikel der Mitteilung der sittlichen Ideen, von dem man hoffen muss, dass man es wird „endlich entbehren können". Das ist der eine Gegensatz. Es ist aber noch ein zweiter bemerkbar.

§ 22.
Der methodische Gegensatz.

Unsere Darstellung hat keinen Zweifel mehr darüber gelassen, dass Kant die Religion allein auf Moral, also auf Vernunft gründen will. Alles Frohlocken, das sich von Zeit zu Zeit hat verlauten lassen, Kant habe die kalte Vernunft aus der Religion gebannt, und diese ganz und gar dem warmen menschlichen Herzen überlassen, hat Grund, sich vorsichtiger und behutsamer zu äussern. Es hat zwar Recht, wenn es mit den „Rechten des Herzens" den guten Willen meint, in den Kant alle Religiosität gesetzt habe. Aber Unrecht hat es, wenn es meint, Kant habe damit das Gebiet der Religion von dem der Vernunft getrennt. Er konnte ja die Religion allein in den guten Willen setzen, indem er sie auf Vernunft gründete.

Dadurch unterscheidet er sich in der Methode von Luther. Dieser kennt das Ausgehen vom Moralgesetz der Vernunft nicht, sondern setzt einfach Sittlichkeit und Gottwohlgefälligkeit in Eins, während der Philosoph erst vom Begriff der Pflicht und vom Moralgesetze zur Idee der Gottheit gelangt, und so allerdings auch Sittlichkeit und Gottwohlgefälligkeit, oder Pflicht und göttliches Gebot in Eins setzen kann. Darum ist dieser Gegensatz nur methodisch, nicht inhaltlich, und hat nicht die sachliche Zuspitzung, wie etwa die jetzt öfters beliebte Gegenüberstellung von theologischer und philosophischer Ethik, die eigentlich Luther, eben weil er sie nicht kennt, schon hinter sich gelassen hat. Das werden wir erkennen, wenn wir nun die Übereinstimmung zwischen dem Reformator und dem Philosophen behandeln.

§ 23.
Die von Luther angebahnte und von Kant vollzogene Überwindung des Gegensatzes von theologischer und philosophischer Ethik.

Man hat in der philosophischen Ethik gerade wegen ihres Ausgehens vom Moralgesetze und nicht von der Idee Gottes etwas Selbstisches gesehen[1]) und ihr, im scholastischen Nachklang, eine zweite, das umgekehrte Verfahren einschlagende und darum selbstloser sein sollende Ethik als „theologische Ethik" gegenüber gestellt. Man hat darin nicht bloss einen methodischen, sondern, wie die Form des Vorwurfs schon zeigt, einen prinzipiellen und innerlichen Gegensatz zwischen theologischer und philosophischer Ethik gesehen. Wie unberechtigt aber der Vorwurf des Selbstischen gegen die „philosophische Ethik" ist, kann keinem auch nur im mindesten zweifelhaft sein, der die Stellung der „philosophischen Ethik" zu den „selbstischen" Triebfedern auch nur mit einigem Verständnis erwogen hat; keinem, der mit etwas Überlegung die Abweisung aller Selbstsucht aus der Moral durch Kant, seine Ablehnung des Glückseligkeitsprinzips als Moralprinzip in Betracht gezogen hat. Und da in der That die Notwendigkeit des Kantischen Verfahrens, die Moral und weiterhin auch die Religion auf Autonomie und nicht auf Heteronomie zu gründen, so evident ist, wird man es Kant angesichts solcher Vorwürfe, in seinem Verfahren liege etwas Selbstisches, nicht verübeln können, wenn er von der Trennung der philosophischen und theologischen Ethik nichts wissen will, ja wenn er unwirrsch wird und meint: es könnte im Ernst gar nicht die Meinung der Theologen sein, dass ihr durchaus unhaltbares Verfahren, nicht nur logisch richtiger, sondern auch sittlich-vornehmer (eben weil selbstloser) sei. Nicht

---
[1]) So auch Luthardt in „die Ethik Luthers". Vgl. besonders die Einleitung. Es versteht sich von selbst, dass nicht etwa die ganze Theologie gegen die Philosophie diesen Vorwurf erhebt.

gerade liebenswürdig sagt er von der Widerlegung des theologischen Verfahrens: „Sie ist so leicht, sie ist von denen, deren Amt es erfordert, sich doch für eine dieser (scil. heteronom-theonomen) Theorieen zu erklären (weil Zuhörer den Aufschub des Urteils nicht wohl leiden mögen), selbst vermutlich so wohl eingesehen, dass dadurch nur überflüssige Arbeit geschehen würde." [1])

Es ist ja in der That einem einigermassen zur Einsicht geneigten guten Willen schwer möglich, in der philosophischen Begründung der Autonomie, die alles Selbstische so energisch, wie nur möglich, abweist, die eben nur handeln „aus Pflicht" und „aus Achtung fürs Gesetz" — das eben, weil es Gesetz, zugleich auch göttliches Gebot ist — als sittlich gelten lässt, etwas Selbstisches zu sehen. Denn jeder Einsichtige muss inne werden — wir wiederholen hier nur, was wir schon gelegentlich derselben Vorwürfe gegen Luther sagten —, dass Freiheit nicht Willkühr, dass die überindividuelle Gesetzgebung durch autonome Vernunft nicht Zügellosigkeit, dass die freie und darum einzig wahre Gewissenhaftigkeit nicht Gewissenlosigkeit ist.

Es wäre wahrscheinlich, dass Luther, obwohl gegen ihn genau derselbe Vorwurf erhoben wurde, doch bei seiner Abneigung gegen alle Philosophie, vor allem bei seiner direkten Beziehung des persönlichen Willens auf den göttlichen Willen und bei seinem Ausgehen von der Gottwohlgefälligkeit als dem höchsten sittlichen Prinzip, denselben Gegensatz zur philosophischen Ethik darstellte. Es scheint, als ob er selbst hier Kant diametral gegenüberstehe, der ja in seiner „philosophischen Ethik" vom Moralgesetze ausgeht und dessen Ableitung aus der Idee Gottes als einen Zirkel im Erklären und aller wahren Moralität hinderlich nicht gelten lässt, sondern erst von der Idee des Sittengesetzes zu der der Gottheit gelangt.

---

[1]) Grundlegung zur Metaphysik der Sitten S. 291. In Wahrheit ist ja die theologische Argumentation durch die ganze autonome Ethik widerlegt.

Wenn wir uns aber nicht bei diesem ersten Schein beruhigen, sondern etwas tiefer in die Gedanken beider eindringen, so sehen wir, dass zwischen Luther und Kant dieser schroffe Gegensatz nicht besteht, sondern selbst hier schon eine gewisse Einstimmung herrscht. Luther fühlt und denkt nämlich viel zu wenig scholastisch,[1]) viel zu natürlich und ungekünstelt, um zwischen die Person und die Gottwohlgefälligkeit noch als etwas spezifisch Verschiedenes die Moralgesetzlichkeit einzuschieben, und so kommt es ihm gar nicht in den Sinn, diese aus der Idee Gottes zu deduzieren. Der gute Mensch ist für ihn eben auch der gottgefällige Mensch, und der gottgefällige Mensch ist auch der gute Mensch. Indem er die Moralität nicht auf der Idee Gottes zu gründen sucht, setzt er Pflicht und Gottgefälligkeit in Eins. Und so kommt Luther auch hier Kant schon viel näher, als jene Richtungen, welche die Gewissensfreiheit konsequenterweise nicht gelten lassen könnten, indem sie dem alle wahre Religion und Moral vernichtenden heteronomen Moralprinzip durch den falschen Schein grösserer Vornehmheit Einfluss zu verschaffen suchen. In der Anlage ist also schon bei Luther die Überwindung des künstlichen Gegensatzes von „theologischer" und „philosophischer" Ethik enthalten, der leider nachträglich noch besonders schroff ausgeprägt wurde. Aber auch nur der Anlage nach. Denn zur vollendeten Überwindung hätte eben nicht bloss die faktische und praktische Ineinssetzung der scheinbar antithetischen Glieder gehört, sondern die bewusste und kritisch-begriffliche. Dazu aber lag ihm die eben begriffliche Einsicht Kants zu fern, dass es verfehlt und unvernünftig sei, die Sittlichkeit „aus dem theologischen Begriff von einem göttlichen allervollkommensten Willen abzu-

---

[1]) Der ganze Gegensatz ist ja nur scholastische Nachgeburt, die man je eher, desto besser abstossen sollte. Denn theoretisch ist er unhaltbar, und praktisch führt er ganz unnötigerweise zu einer unfriedlichen Spannung zwischen Theologie und Philosophie, wie ja aus mancherlei gegenseitigen Vorwürfen erhellt.

leiten, nicht bloss deswegen, weil wir seine Vollkommenheit doch nicht anschauen, sondern sie von unseren Begriffen, unter denen der der Sittlichkeit der vornehmste ist, allein ableiten können, sondern weil, wenn wir dieses nicht thun (wie es denn, wenn es geschähe, ein grober Zirkel im Erklären sein würde), der uns noch übrige Begriff seines Willens aus den Eigenschaften der Ehr- und Herrschbegierde, mit den furchtbaren Vorstellungen der Macht und des Nacheifers verbunden, zu einem System der Sitten, welches der Moralität gerade entgegengesetzt wäre, die Grundlage machen müsste." [1]) Aber das Wertvolle an Luther ist hier schon, dass er an die verkehrte Ableitung gar nicht denkt, geschweige sie versucht. Seine Abneigung gegen die Philosophie ist hier ein Verdienst um die Philosophie und die Moral, er hat sich den Fehler der Scholastik erspart, den sittlichen Menschen in einen erkünstelten Gegensatz zum religiösen Menschen zu bringen, wie es doch durch die Gegenüberstellung von theologischer und philosophischer Ethik geschieht (jenem Nachklang der Lehre von der zweierlei Wahrheit). Im tiefsten Grunde seiner freien Seele ist ihm das Ziel der Gottgefälligkeit zunächst ein Faktum seines sittlich-religiösen Gemütes, das er aber, eben weil er ihm selbst allgemeingiltigen Wert zuerkennt, zum Faktum der Vernunft erhebt, wenn man unter vernünftig sein nichts Anderes, als allgemeingiltig sein versteht. Freilich der begriffliche Ausbau dessen, was Luther fühlte und in seinem Fühlen der Menschheit offenbarte, blieb Kant vorbehalten, der eben auch begrifflich auf dem autonomen, nicht-theologischen Prinzip die Moral und Religion begründete, der nicht nur innerlich, gemütlich den Gegensatz von theologischer und philosophischer Ethik überwand, wie Luther; sondern auch begrifflich-kritisch dieser Überwindung ihr Recht sicherte und wahrte. Er zeigte, wie man allein von der Idee des Moralgesetzes zu der der Gottheit gelangen könne, und wie man dann, nur auf jenem fussend, die Pflichten als göttliche Gebote zu

---

[1]) a. a. O. S. 291. Vgl. oben S. 130 f.

betrachten vermöge. So schwand aller Unterschied zwischen Pflicht und göttlichem Gebot; der gute Lebenswandel erhielt seine verdiente Würdigung, auch de jure, die ihm Luther de facto gegeben hatte. Unter spekulativem Betracht stehen Luther und Kant unendlich weit aus einander. Praktisch aber sind sie einstimmig, insofern Luther unbewusst, aus reinem, natürlichen, religiösen Gefühl heraus Pflicht und göttliches Gebot nicht schied, und Kant mit Bewusstsein, auf Vernunftgründe gestützt, alle sonst fälschlich unternommene Scheidung aufhob.

Das aber konnte jeder in seiner Art doch nur unter Voraussetzung gewisser Prinzipien, und so musste eben doch auch bereits eine prinzipielle Einstimmung bestehen. Wir kennen diese Prinzipien. Schon durch die gesonderte Darstellung wird ihre Verwandtschaft klar geworden sein. Durch eine kurze Gegenüberstellung wird sie nur noch deutlicher werden.

§ 24.
Die prinzipielle Verinnerlichung und die Autonomie.

Gerade durch den Verzicht auf die nicht bloss ethisch, sondern auch logisch verkehrte Scholastik, die auch noch in der Gegenüberstellung von theologischer und philosophischer Ethik zum Ausdruck kommt, sollte Luther so gross werden. Denn besonders dadurch wurde seine **Moral und Religion die Moral und Religion der Verinnerlichung.** An diesem Punkte kommen Kant und Luther aufs innigste zusammen, und diese Begegnung der Anschauungen ist eine durch und durch prinzipielle.

Wir hatten den Reformator im Schriftglauben stecken bleiben sehen, wir hatten betont, wie er diesen nach Kant „an sich toten" Schriftglauben nie völlig überwand und überwinden konnte. Und doch überwand er ihn bis zu einem gewissen Grade, nämlich insofern er wirklich ein toter Glaube ist. Denn „an sich" war dieser Buchstabenglaube auch für Luther „tot", und er verlebendigte ihn durch die Gesinnung; und besonders dadurch, dass er das Gewissen des Einzelnen als die letzte und oberste

Instanz der Auslegung ansah. Keine menschliche Autorität, keine vornehme, hohe Stellung, kein Amt, keine Würde, sondern allein der „rechte Verstand" des guten und frommen, tugendhaften Menschen giebt den letzten und höchsten Bescheid in der Deutung.[1]) Und damit ward in letzter Linie wenigstens die Auslegung des Schriftglaubens der sittlichen Person und ihrem Gewissen anheimgestellt, und dadurch ward das Gewissen selber freigegeben, dem Joche der heteronomen Autorität enthoben. Zweierlei Glauben, den inhaltlichen und den praktischen Glauben des freien Gewissens, den „reinen Herzensglauben", wie er ihn nennt, konnten wir bei Luther unterscheiden. Und dieser praktische, reine Herzensglaube der Persönlichkeit bildete nun das Fundament, auf dem er die Verinnerlichung von Moral und Religion vollzog. In diesem Glauben fand er die Direktive fürs Handeln, er bestimmte, was Pflicht wäre, was göttliches Gebot wäre; denn dieser Glaube war ja von vornherein Eins mit der Liebe, d. h. mit dem festen Willen und der innerlichsten Gesinnung, seine Pflicht, d. i. Gottes Gebot, zu erfüllen. Und eben weil dieser Glaube selbst des Menschen Innerlichstes ist, in dem kein anderer für ihn einstehen, ihn vertreten und ersetzen kann, kann er auch allein von der Person selbst ausgehen; nur sie vermag über ihr Thun und Lassen, über Pflicht, Gebot und Verbot zu entscheiden. „Da steht jeder Einzelne für sich allein, sein Glaube wird verlangt, jeder soll für sich Rechenschaft ablegen und seine Last tragen."[2]) „Keine guten Werke" also, sondern allein „der Glaube des Herzens", in dem „alle Werke gehen und geschehen" müssen, weil sie „an sich" nichts sind und erst durch den Glauben Wert erlangen, entscheiden also über den Wert der Person. „Die Person muss zuvor gut sein, damit gute Werke ausgehen können von ihr", nicht aber kann das Werk auch nur das Geringste bedeuten, den kleinsten Wert haben, wenn ihn nicht

---

[1]) Vgl. dazu § 2 und § 3.
[2]) Vgl. das zweite Kapitel besonders § 7 und § 8.

zuvor die Person hat durch ihren guten Glauben, ihre Gesinnung.¹) Damit hat Luther seinen Standpunkt aufs deutlichste gekennzeichnet, von dem aus er voll hohen sittlichen Stolzes die äusserliche Werkgerechtigkeit abwies, und allen Wert in den „frommen guten Mann" selbst zurücknahm und in dessen Willen. Die sittliche Eigenkraft und Eigenbethätigung muss das Handeln aus dem Innersten des Menschen, wie wir sagten, autogen, hervortreiben.

Wenn wir nun zurückdenken an Kant, wie er von dem Glauben der Persönlichkeit, dass jede andere in ihrer Lage sollte ebenso handeln wollen, wie sie selbst, den ganzen sittlichen Wert der Handlung abhäng machte, wenn wir jetzt sein Wort: „Was nicht in diesem Glauben geschieht, das ist Sünde", weil „sonst der Mensch bei lauter guten Handlungen dennoch böse ist",²) in Erwägung ziehen, wenn wir weiter in Erinnerung bringen, dass ihm „überall nichts in der Welt, ja überhaupt auch ausser derselben zu denken möglich, was ohne Einschränkung für gut könnte gehalten werden, als allein ein guter Wille",³) wie es ihm ebendeshalb nicht ankommt auf „die Handlungen, die man sieht, sondern auf jene inneren Prinzipien derselben, die man nicht sieht", d. h. ganz allein auf die Maxime des guten Willens der autonomen Persönlichkeit und wie darum auch für ihn das Gute „in der Person selbst schon gegenwärtig ist, die darnach handelt, nicht aber allererst aus der Wirkung erwartet werden darf"⁴); wenn wir uns alles dessen erinnern, so werden wir keinen Augenblick anstehen, in diesem Grundzuge der Kantischen Ethik auch den der ethischen Anschauungsweise Luthers wieder zu erkennen. Den äusseren Erfolg, das Werk achten beide gering, ja mit einer gewissen Verächtlichkeit sprechen sie davon. Aber alles ist ihnen der innere Glaube der Person; der Glaube: im Wirken und in der Bethätigung, folge was es auch sei, seine

---

¹) Vgl. ebenfalls § 8.
²) Die Religion innerhalb der Grenzen der blossen Vernunft S. 124 u. 125.
³) Grundlegung zur Metaphysik der Sitten S. 241; vgl. § 15.
⁴) Vgl. ebenfalls § 15.

Pflicht als göttliches Gebot zu erfüllen; und zwar aus keinem anderen Grunde, als um der Pflicht, als um des göttlichen Gebotes selbst willen. Denn auch das ist Luther und Kant in gleicher Weise eigen, dass sie verlangen, Pflicht und göttliches Gebot als Selbstzweck zu betrachten. Kant hat dafür die Formulierung mit absoluter Deutlichkeit gegeben. Er sagt es ausdrücklich die: Pflicht müsse als „Selbstzweck" angesehen werden; und implizite liegt es in der Forderung: wir müssten „aus Pflicht" und „aus Achtung fürs Gesetz" handeln, um sittlich zu sein. Nicht mit dieser begrifflichen Deutlichkeit, und doch unverkennbar stellt Luther die gleiche Forderung. Was der Reformator hier tief und richtig gefühlt, und aus diesem Gefühle heraus gefordert hatte, das hat der Philosoph in das helle Licht der Vernunft gerückt, auf unabweisliche vernünftige Begriffe gebracht. In seinem ethischen Prinzip hat er in der That das „Faktum der reinen Vernunft" als das Moralgesetz mit absoluter Evidenz aufgewiesen und befestigt im Begriffe der Autonomie der sittlichen Persönlichkeit. Die Autonomie ist, um mit Luther zu reden, das Einzige, das bis an die Seele reicht, weil es in der Seele selber seine Wurzeln hat, und darum ist das Prinzip der Autonomie zugleich das Prinzip der Verinnerlichung auf dem Boden der Vernunft. Luthers Forderung des autogenen Handelns ist durch den Begriff der Gesetzgebung zur Idee des autonomen Handelns entwickelt. Der Begriff der Verinnerlichung hat dadurch seinen besten, vernünftigen Sinn erhalten; er hat nichts zu thun mit dem, was Kant „schmelzende Schwärmerei" oder den „augenaufschlagenden kriechenden Religionswahn" nennt, worin die „Andächtler" das Wesen der Verinnerlichung sähen.

Aus dieser prinzipiellen Übereinstimmung wird noch einmal — um kurz auf den vorigen Paragraph zurückzublicken — ganz klar, nicht bloss dass, sondern auch warum zwischen Kant und Luther nicht der schroffe Gegensatz von theologischer und philosophischer Ethik bestehen kann, wie man auf den ersten Blick zu glauben geneigt sein mag; dass vielmehr, genau, wie wir es vor hin bemerkten, durch Luther gefühlsmässig die Anbahnung und durch Kant begrifflich die vollkommene Überwindung dieses Gegensatzes — es versteht sich nach dieser Formulierung, dass wir die Überwindung nicht historisch, sondern kritisch fassen — vollzogen ward; eben durch ihre Prinzipien, das der sittlichen Verinnerlichung und das der sittlichen Autonomie, die beide praktisch auf Eins tendieren.

Aber nicht allein in diesem fundamentalen und centralen Prinzip der Autonomie und der Verinnerlichung durch die Aufnahme der sittlichen Wertentscheidung in den Willen, den Glauben, die Gesinnung, kurz in die Person allein, auch nicht bloss durch die aus dem Prinzip folgende Ablehnung des Äusserlichen und Gleissenden, des „Werkes", wie Luther, und des „Erfolges", wie Kant sagt, treffen beide zusammen. Auch in der ferneren Ausbildung und Weiterbildung[1]) ihres centralsten Grundsatzes stimmen sie nach mancher und zwar nach jeder wichtigen Hinsicht überein. Dass, wie auch bisher immer schon betont, Luther viel mehr gefühlsmässig das erreicht, was er erreicht, Kant dagegen durch die Schärfe und den Glanz des kritisch-klaren Gedankens zu seinem Ziele gelangt, das thut der inhaltlichen Übereinstimmung keinen Eintrag.

§ 25.
Die sittliche Irrelevanz von Glück und Verdienst.

Das Streben nach Pflichterfüllung, wie Kant sagt, nach Gottwohlgefälligkeit in Luthers Sprache, oder um beides in Kantischer Weise zu vereinigen, seine Pflicht als göttliches Gebot zu erfüllen, ist für den Reformator, wie für den Philosophen die höchste Aufgabe des sittlich-religiösen Menschen. Es ist aber, wie

---

[1]) Wir müssen natürlich die Zusammenfassung des Gemeinsamen beider Lehren in ganz anderer Reihenfolge behandeln, als es in der ausführlichen Darstellung der einzelnen für sich stand. Denn im Zusammenhange der einzelnen Anschauung hat es eben selbst beidemal eine andere Stellung.

die Pflicht selbst, nicht bloss höchster, sondern auch einziger Zweck. Darum kann alles Streben, das nicht auf dieses Ziel gerichtet ist, schlechterdings nicht sittlich wertvoll sein. Das liegt ohne weiteres auf der Hand. Ist sittlich und religiös wertvoll nur, was aus Pflicht geschieht — ein auch dem gemeinen Verstande einleuchtender Satz — so kann, was nicht aus dem Bewusstsein der Pflicht heraus geschieht, auch nicht sittlich sein. Das ist ein analytisches Urteil.

Daraus wird nun klar, dass weder unter noch über, weder diesseits noch jenseits der Sphäre der Pflicht ein Sphäre des Sittlich-Wertvollen bestehen kann.

Unterhalb der Pflicht, kann man sagen, steht unsere Selbstsucht, das Verlangen, uns glücklich zu machen, unser Glück zu sichern, kurz unser auf Pflicht nicht Rücksicht nehmendes Streben nach Glückseligkeit. Es ist bis zu einem gewissen Grade merkwürdig, wie diese sehr einfache Einsicht Kants, dass Tugend und Glück ohne weiteres auf einem ganz anderen Boden, sozusagen auf einem ganz anderen Brett stehen, nichts mit einander zu thun haben, soviel Schrecken anrichten konnte, da sie doch so nahe liegt. Bloss der unwiderlegliche Nachweis, dass die Glückseligkeit, ohne etwa mit der Sittlichkeit in geradem Widerspruch zu stehen, doch absolut irrelevant für die moralische Wertkategorie ist, brachte unter einem behäbigen Moralphilisterium schon zu Zeiten Kants jähen Schrecken hervor. Wohl nur deshalb, weil es sich eben recht gemächlich an Tugend und Pflicht denken lässt, wenn man nicht in ihr ernstes Antlitz schaut, sondern dabei lieber nach dem Lächeln des Glückes schielt. Aber merkwürdig bleibt es dennoch, dass Kants so nahe liegende Erkenntnis gar so sehr überraschte, und fast noch merkwürdiger ist es, dass nicht auch schon Luther der menschlichen Behäbigkeit und Gemächlichkeit denselben Schrecken eingejagt hat. Denn streng genommen ist er der erste, der es unternahm, den alten, liebgewonnenen Traum, dass Tugend und Glück immer hübsch freundschaftlich und unzertrennlich in der Moral Hand in Hand gehen müssten, zu zerstören. Freilich die scharfe Herausarbeitung des Problems, die streng begriffliche Scheidung von Moralität und Glückseligkeit, die klare Reinigung der Ideen ist Kants Verdienst. Aber faktisch und praktisch hat Luther die Unterscheidung nicht minder gemacht, wie Kant, hat er nicht minder, wie der Philosoph, alle Selbstsucht als sittlich wert- und belanglos gekennzeichnet. Nicht wie Kant zwar vermag er zu zeigen, dass die Selbstsucht oder das Glückseligkeitsstreben immer in materialen Bestimmungsgründen des Willens gegründet sei, Objekte fordere und darum zu einem allgemeingiltigen Moralprinzip nicht dienen könne. Aber die, welche das Wohlgefallen Gottes um eines Gewinnes und Nutzens willen suchen, charakterisiert er als „Geniesssüchtige" und lässt ihr selbstisches Treiben nicht als wertvoll und gottgefällig gelten. Das ist eben nur der, der nicht „das Seine sucht". Wahrhaft fromme und gute Menschen werden „ohne Lohn oder Geniess Gott suchen, um seiner blossen Güte willen, nichts begehren, denn sein Wohlgefallen". [1])

Die Übereinstimmung mit Kant wird aber noch frappanter. Wir erinnern uns, dass Kant, so sehr er, genau wie Luther, die Selbstsucht oder das Glückseligkeitsstreben als sittlichen Bestimmungsgrund abwies, doch im Begriff des höchsten Gutes eine Verbindung von Tugend und Glück konstruierte. Diese Verbindung sollte aber keine analytische sein. Das heisst: Die Glückseligkeit durfte weder Bestimmungsgrund des Willens sein und als „Bewegursache zu Maximen der Tugend" angesehen werden oder gar, nach epikurischer Auffassung, selbst schon als Tugend gelten, noch konnte, nach stoischer Auffassung, die Glückseligkeit „schon im Bewusstsein seiner Tugend enthalten" sein. Ihre Verbindung ist, nach Kant, vielmehr eine synthetische, „vermittels eines intelligiblen Urhebers der Natur", durch welchen dem Tugendhaften und des Glückes Würdigen, ohne dass er sich um diese kümmert, die Glückseligkeit, wenn er nur nach Tugend strebt, schon zuge-

---

[1]) Vgl. oben § 8.

geben werden wird.¹) Genau so denkt Luther: die Guten dienen Gott „allein um seinetwillen und nicht um des Himmels willen, noch um kein zeitlich Ding. Und wenn sie schon wüssten, dass kein Himmel, noch keine Hölle, noch keine Belohnung wäre, dennoch wollten sie Gott dienen um seinetwillen", während die „Geniesssüchtigen" und selbstischen Menschen sie „lehren ihre Werke thun, dass sie der Hölle entgehen und selig werden". Das „aber ist Gott nicht lauter, sondern aus Eigennutz gesucht". Die aber fromm und gut sind, ohne Lohn und Seligkeit zu verlangen, denen wird Lohn und Seligkeit doch nicht ausbleiben. „Der Lohn wird sich selbst finden, dafür nicht sorgend, und ohne unser Gesuch folgen. Denn wiewohl es nicht möglich ist, dass der Lohn nicht folge, so wir Gott lauter aus reinem Geiste, ohne allen Lohn und Geniess suchen, so will doch Gott dieselbigen Menschen, die sich selbst und nicht Gott suchen, nicht haben, wird auch selbigen nimmer keinen Lohn geben."²) — Eine herrliche Überwindung des Lohndienstes!

So lehnen Kant und Luther in gleicher Weise als wertvollen Bestimmungsgrund ab, was unterhalb der Pflicht und Tugend steht. Aber auch was über diesen stehen soll, lassen sie nicht als sittlich- und religiös-wertvoll gelten. Das aber heisst: Sie erkennen beide übereinstimmend erst nicht an, dass es überhaupt etwas gebe, das über Pflicht und Tugend stünde, das höher wäre, wie diese. Und ganz notwendig müssen sie das leugnen, eben weil Pflicht und Tugend das höchste Ziel ist, das wir erstreben sollen. Darum kann es kein noch höheres geben. Der Wahn des sittlich-religiösen Verdienstes ist mit logischer Notwendigkeit ausgeschlossen. Wir haben gesehen, wie beide, Luther und Kant, darauf hinweisen, dass alles, was wir im besten Falle thun können, nichts ist, als Pflicht und Schuldigkeit. Luther hatte den Gedanken in der Bekämpfung der ganzen Werkgerechtigkeit

---

¹) Vgl. § 16.
²) Vgl. § 8.

genugsam ausgeprägt. Ja selbst hinter Pflicht und Schuldigkeit bleiben wir oft genug zurück, geschweige denn, dass wir mehr leisten sollten, ein Anspruch, der zugleich ein Widerspruch in sich selber wäre. Nicht einmal die Heiligen, so hatten wir Luther ausdrücklich sagen hören, hätten hinreichend die göttlichen Gebote erfüllt, ‚ergo nihil prorsus fecerunt superabundans'. Und als lauter „Gleissnerei" hatte Kant den Wahn bezeichnet, dass wir mehr als Pflicht und Schuldigkeit thun könnten.[1])

§ 26.
Die Lebendigkeit der sittlichen Bethätigung und das Auswirken der gottgewirkten Anlage zum Guten in der Persönlichkeit.

Es ist gegen Kant sowohl, wie gegen Luther schon eingewandt worden: Aus der Zurücknahme der Wertentscheidung aus dem „Erfolg", dem „Werk", kurz den „Handlungen, die man sieht", in das Innere der Person und deren „Prinzipien, die man nicht sieht", folge notwendig Passivität und Thatenlosigkeit. Schon Luther hätte die Leute, die solche Einwände machen, eines Besseren belehren können. Wir haben ihn ja darauf hinweisen sehen, dass das Leben „nimmer ruht", dass es uns ewig in das Drängen und Wogen des Geschehens hineinstellt.[2]) Mag es darum zwar ohne sittlichen Belang und Wert sein, was für uns sichtbarlich daraus folge, so nötigt uns doch das Leben Tag für Tag, Stunde für Stunde, von Augenblick zu Augenblick, Stellung zu nehmen zu seinem Treiben, und wir können gar nicht thatenlos bleiben. Diese Stellungnahme aber haben wir nach bestem Glauben und Gewissen einzurichten. Ob die Werke gross oder klein sind, darauf kommt nichts an; nur dass sie im Glauben gehen und geschehen, daran liegt alles. Alles ist die Pflicht, und das Verdienst ist Nichts. Überhaupt den Gesinnungsglauben zu bethätigen, wann

---

[1]) Vgl. für Luther §§ 4, 6, 7, 8 und für Kant §§ 14, 15, 16.
[2]) Vgl. § 10.

und wo es sei, und bei welcher Gelegenheit auch immer, das ist unsere Aufgabe. Für die Gelegenheit selbst sorgt das Leben. Kant erreicht durch die Ablehnung aller materialen Willensbestimmung, aller Inhaltlichkeit des Moralgesetzes, d. h. durch die Relativität aller Moralinhalte, die auch Luther deutlich genug erkennt,[1]) dasselbe; und in mancher Hinsicht noch viel klarer. Er brauchte solchen Einwendungen bloss entgegenzuhalten: wie in aller Welt man nur aus seinem rein formalen Prinzip plötzlich den Inhalt des Nichtsthuns — denn das wäre doch auch ein Moralinhalt — glaube deduzieren zu können; und weiter, dass selbst dieser Inhalt erst die Probe des kategorischen Imperativs, des Gewissensglaubens bestehen müsste, oder wie Luther sagt, „dass selbst der Müssiggang in des Glaubens Übung und Werk" geschehen müsste".[2]) Kant hätte viel weniger die knechtische Passivität des Quietismus brandmarken, sich noch weniger gegen das Missverständnis, als predige er passive Ergebung, verwahren können, als er es gethan, so hätte der Einsichtige doch immer noch erkennen können, dass die lebendige Bethätigung der Grundzug seiner Ethik ist.

Aus einem anderen Grunde dürfte man Luther, wie Kant, denselben Einwand glauben machen zu dürfen. Und hier stossen wir, soweit der Reformator und der Philosoph auch sonst im allgemeinen unter metaphysischem Betracht aus einander gehen, auf eine gemeinsame Vorstellungsweise rücksichtlich ihrer Religionsmetaphysik. Mag Luther das für Kant unerklärbare Böse in unserer Natur auf Teufelswirkung zurückgeführt haben, mag Kant über den Teufelsglauben als eine Art des „Wahnsinns der Schwärmerei" gelächelt und dem Irokesenknaben des P. Charlevoix nicht nur gegen eben diesen P. Charlevoix, sondern im Prinzip auch gegen Luther Recht gegeben haben mit seiner Frage, warum

---

[1]) Wir erinnern uns, wie er sagt, dass „viele Dinge vor Zeiten gut gewesen sind, und doch nun ärgerlich und schädlich, als da sind Feiertage, Kirchenschatz und Zierden". Vgl. § 10 bes. S. 74.
[2]) Vgl. ebenfalls § 10; für Kant bes. §§ 15, 17 und 20.

Gott den Teufel nicht totschlage, — rücksichtlich der Anlage zum Guten in unserer Natur gehen Kant und Luther nicht bloss aus einander, sondern auch in gewisser Hinsicht mit einander. Luthers Prädestinationslehre, die, so wenig abgeklärt und widerspruchslos sie auch sein mag, doch immerhin durch das gewaltige Fühlen, in dem sich für ihn die Idee gebiert, eine mächtige Vertiefung gegenüber allen früheren Versuchen bedeutet, kann in gewisser Rücksicht wirklich in Parallele gesetzt werden zu Kants Idee der Intelligibilität. Nicht nur, dass beide die empirische Willensfreiheit ablehnten, dass sich beiden die Persönlichkeit unter zwei verschiedenen Gesichtspunkten, als „leiblich" und „geistlich" dem Reformator, als Person und intelligible Persönlichkeit dem Philosophen darstellte, gilt sie ihnen — so verschieden sie in der Begründung und Ausführung dieser Anschauung auch sein mögen — als in ihren tiefsten Wurzeln mit der Gottheit verknüpft.

Aus der Güte und Allwirksamkeit Gottes hatte Luther das Gute im Menschen abgeleitet, sowenig er im Stande war, damit vollkommen widerspruchslos das Böse in Übereinstimmung zu bringen. Alles Gute in der Welt, auch das, welches wir wirken, wirkt Gott in uns und durch uns. Luther hatte diese Idee nur durch seinen naiven erkenntnistheoretischen Standpunkt und durch die kirchliche Gnadenlehre verdunkeln und verkümmern lassen. Die Gnadenlehre fand bei Kant in ihrer dogmatischen Gestaltung natürlich keinen Platz. Dafür aber hatte er mit dem Begriff der Persönlichkeit, ohne der Idee Gottes Eintrag zu thun, ohne die Menschenwürde im Mindesten herabzusetzen, eine grandiose, tiefgründige Anschauung über die Anlage zur Persönlichkeit als Anlage zur Achtung fürs Gesetz offenbart, indem er auf Gott als das „allgenugsame Wesen" und den Schöpfer der intelligiblen Welt diese intelligible Anlage selbst zurückleitete. Eine gewaltige Vertiefung des sittlich-religiösen Wesens war dadurch gewonnen, die übernatürlichen, aber in die Erscheinungswelt eingreifenden Gnadenwirkungen waren mit analytischer Notwendigkeit eliminiert, eben weil Gott nicht Schöpfer von Erscheinungen, sondern des Intelligiblen ist. Und die Auswirkung des Guten durch die Persönlichkeit, welche die Welt der Erscheinungen mit der intelligiblen verbindet, indem sie in ihrer eigenen Intelligibilität jene durch ihre Spontaneität schafft, und damit, wie Kant sagt, die Persönlichkeit auch die Person bestimmt, war ermöglicht.[1])

Himmelweit verschieden sind Luther und Kant in der Ausführung und Ausgestaltung der Idee, das Gute auf Gott als das „allwirksame", wie der Reformator, auf das „allgenugsame" Wesen, wie der Philosoph sagt, zurückzuführen; so verschieden wie der dogmatische Gnadenbegriff von dem der Intelligibilität selbst. Und doch haben beide die Idee gemeinsam.

Und weiter eignet ihnen, in gleicher Weise, das Ziel, der Persönlichkeit, trotzdem deren Anlage zum Guten göttliche Wirkung ist, die moralische Selbständigkeit zu wahren. Luther versucht das — freilich nicht ohne logischen Zirkel —, indem er ein Sich-Empfänglich-Machen für die Gnade statuiert. Grossartig und tief hat es Kant schon durch seine Unterscheidung von Persönlichkeit und Person erreicht. Und in tieferer Übereinstimmung fordern beide das Auswirken des Guten durch die Gesinnung und den guten Willen im lebendigen Leben. Blosse Passivität findet bei keinem Platz.

Also nicht bloss in der Art, wie Luther und Kant das Gute auf die Gottheit zurückführen, sondern auch darin, wie sie der Persönlichkeit (und damit, nach Kant, auch der Person) die sittliche Selbständigkeit sichern wollen, gehen sie weit aus einander. Luther greift ein kirchliches Dogma auf, vertieft es zwar so, dass seine neue Lehre auch hier mit der alten kaum noch etwas zu thun hat.[2]) Aber er gerät dafür in einen seltsamen Zirkel, aus

---

[1]) Vgl. § 17.
[2]) Mit Harnack stimmen wir hierin, wie bereits hervorgehoben, durchaus überein. Es dürfte allerdings sonst noch sehr bestritten werden; vielleicht würde es Luther sogar selbst bestreiten.

dem er sich nicht befreien kann. Eine unvergleichlich tiefere und grossartigere Ansicht eröffnet Kant; eine Idee von ungeheurer Gewalt und Tragweite offenbart er in seinem Begriff von der Intelligibilität der Persönlichkeit. Und doch darin sind beide einig: In letzter Linie weist alles auf Gott als das allwirksame und allgenugsame Wesen zurück, in Sonderheit das Gute. Nichtsdestoweniger gilt es beiden als ein unerlässliches Erfordernis von Religion und Moral, der Person ihre Selbständigkeit als ein Auswirken ihrer sittlichen Eigenkraft zu wahren.

§ 27.
Nächstenliebe und Achtung vor der Person.

Nach Luther, wie nach Kant ist die sittliche Bethätigung, die moralische Aktivität des Menschen im Leben dessen Aufgabe. Die Thätigkeit folgt aus dem nimmer ruhenden Leben selbst, nach Luther; aus der formalen Bestimmung des Moralprinzips und der — mit Luthers Idee des nimmer ruhenden Lebens durchaus zusammenstimmenden — Relativität aller Moralinhalte nach Kant; sowie dem Erfordernis des aktiven Auswirkens der Person, nach beiden. Die Moral der That ist es, die wir pflegen sollen, sei es im Berufe, sei es bei der unendlichen Fülle der Gelegenheiten sonst.

An der Gelegenheit selbst lässt es das Leben nicht fehlen. Aber es bleibt noch eine Frage offen. Der Begriff der Pflicht ist ja ein Relationsbegriff. Er verlangt nicht nur einen Träger, der Pflichten hat, und der wir als handelndes Wesen selber sind, nicht bloss ein Material der Pflichterfüllung, das uns das Leben bietet. Es fragt sich vielmehr noch: gegen wen wir im thätigen Leben Pflichten zu erfüllen haben. Und das ist nach Kant, wie nach Luther, wiederum der Mensch, die Person; unsere Pflichterfüllung gegen sie ist die wahre Erfüllung der göttlichen Gebote, der göttlichen Pflichten, wodurch wir unser Leben mit wahrem Gottesdienst anfüllen können.

Freilich besteht ein Unterschied darin, wie Beide diesen Satz begründen. Luther giebt nirgends eine eigentliche Begründung. Zwar verweist er hier auf die „geistliche" Natur des Menschen, und sieht wohl darin ganz richtig, dass diese den Grund dafür biete; **inwiefern** und **warum** sie aber diesen Grund darstelle, tritt bei ihm nicht hervor. Bei Kant hatten wir die Deduktion dieser Forderung aus der Vernunft kennen gelernt: der „göttliche Ursprung" der Anlage zum Guten in der Persönlichkeit, an den uns auch die Person gemahne, hatte dieser die Würde eines „Zweckes an sich" gegeben. So war sie das „**Subjekt des moralischen Gesetzes, welches heilig ist, vermöge der Autonomie seiner Freiheit**". Für sich selbst betrachtet ist der Mensch Subjekt des moralischen Gesetzes, und eben darum für den anderen „vermöge der Autonomie seiner Freiheit" zugleich die „**objektive Darstellung des Gesetzes**", und darum ein Gegenstand der Achtung. Das aber heisst zugleich auch: ein Gegenstand der Pflicht, in der Wechselbeziehung zu ihr die sittliche Würde heilig zu halten, worauf sich alle besonderen Pflichten gründen.

Nun hatte Kant betont, durch diesen moralischen Fundamentalbegriff der Achtung vor der Person sich in voller Übereinstimmung mit dem Christentum zu befinden. Und damit gelangen wir auch auf seine weitere Übereinstimmung mit Luther, die abermals geradezu überraschend wirkt.

Für den Reformator ist das Band der moralischen Wechselbeziehung von Mensch zu Mensch die Liebe, wie diese auch eine Forderung des Christentums ist. Stimmt das nun auch für Kant? Er baut die sittliche Wechselbeziehung auf den Begriff der Achtung vor der Person und gründet auf diesem das Gebot, seine Pflichten gegen den Nächsten zu erfüllen. Aber ausdrücklich sagt er — und das meint er mit seiner Übereinstimmung mit dem Christentume —, dass sich damit das christliche Gebot der Nächstenliebe gar wohl vereinige, indem er nämlich selbst nichts

Anderes darunter versteht, als das Gebot der Pflichterfüllung gegen den Nächsten.[1])

So verstanden, könnte man sagen: in der Forderung der Nächstenliebe stimmen Luther und Kant thatsächlich überein, wenn man den Kantischen Begriff der auf der Achtung vor der Person beruhenden Pflichterfüllung eben als Begriff der Nächstenliebe gelten lässt. Nur ist noch die Frage, ob beide auch in dieser Auffassung der Liebe eins sind. Denn Kant, das ist offenbar, giebt doch dem Begriff der Liebe einen ganz anderen Sinn, als man gewöhnlich damit verbindet. Allein wir wissen, dass auch Luther das thut. Erinnern wir uns nur, dass er die Liebe, die er als Pflicht, als göttliches Gebot fordert, von dem, was man gewöhnlich unter Liebe versteht, und was er selbst „Weltliebe" nennt, gar wohl unterscheidet. Er ist sich auch wohl bewusst, dass diese „Weltliebe" sich eben nicht gebieten lässt, weil es bei ihr auf die individuelle Person ankommt, die man liebt, nicht aber auf den Nächsten überhaupt. Die gebotene christliche Liebe aber kann man „nicht schöpfen von der Person", sondern sie muss „von inwendig aus dem Herzen geflossen sein". Sie ist also eine spontane, wir konnten sagen, autogene Funktion und bedeutet für Luther nichts Geringeres, als dem Nächsten „dienstbar" und „unterthan" zu sein.[2]) Dieser Nächstendienst ist ihm zugleich wahrer Gottesdienst.

Luthers Idee der Nächstenliebe steht also der Kantischen Idee der auf Achtung beruhenden Erfüllung der Nächstenpflicht nicht fern; ja sie ist mit der ganz besonders betonten Spontaneität ihres Wesens die aus der einen Person für die andere eigenkräftig hervorgetriebene Achtung und Pflichterfüllung selbst. Das wird noch deutlicher, wenn wir uns daran erinnern, dass Kant dieselbe Unterscheidung macht, dass er, wie Luther der „Weltliebe" die „Christenliebe", so der „pathologischen" die „praktische

---

[1]) Vgl. § 17.
[2]) Vgl. § 11.

Liebe" gegenüberstellt, und dass die „pathologische" eben die „von der Person geschöpfte", d. h. auf der Eigenart der Person beruhende, mit der Zuneigung identische Liebe ist, während die „praktische" die moralisch gebotene Liebe bedeutet. In inniger Übereinstimmung mit Luther sagt er: die pathologische Liebe „kann aber nicht geboten werden, denn es steht in keines Menschen Vermögen, jemand bloss auf Befehl zu lieben. Also ist es bloss die praktische Liebe, die in jenem Kern aller Gesetze verstanden wird". Der „Kern aller Gesetze" ist aber für Kant eben das Moralgesetz. Wenn nun die Person „Subjekt des moralischen Gesetzes ist", dieses also durch ihre Autonomie unmittelbar darstellt und darum Achtung erfordert, wenn weiter der Kern dieses Gesetzes aber zugleich Liebe ist, so stehen in letzter Linie „Achtung vor der Person" und „Nächstenliebe" in Eins.

So hat Luther den guten, vernünftigen Sinn des christlichen Grundgebotes der Nächstenliebe so klar und deutlich ausgesprochen, wie es nie zuvor geschehen ist; und Kant hat eben dessen Vernünftigkeit auf die höchsten sittlichen Ideen zum ersten Male gegründet.

§ 28.
Die Kirche.

Wir hatten gleich im Anfang dieses Vergleichs auf einen Gegensatz zwischen Luther und Kant hingewiesen, auf den Gegensatz zwischen dem Vernunftglauben Kants, wie er in seiner Anschauung über die Kirche und den Offenbarungsglauben zum Ausdruck kommt und Luthers starrem Festhalten an Schrift und Offenbarungsglauben. Aber das ist ein Widerspruch, der, wie wir das selbst schon eingehend dargethan haben, in Luthers Glaubensidee selber angelegt ist, dessen Überwindung er oft erstaunlich nahe kommt, und doch auf der andern Seite auch wieder erstaunlich fern bleibt; ein Widerspruch, der uns in seiner Auffassung von der Kirche abermals begegnet. Das aber kommt daher,

„dass", wie Harnack[1]) treffend bemerkt, „die prinzipiellen Ansätze zur Bildung eines neuen Lebensideals **nicht mit kritischer Kraft und Klarheit durchgebildet sind**".

Wir hatten den Reformator mutig und frei den Werkglauben und Verdienstwahn bekämpfen sehen; gesehen, wie er den Lohnglauben ablehnt, der von Gott, als ob dieser ein „Trödler" wäre, etwas zu verdienen hofft; gesehen, wie er anstatt dieses gemeinen Lohndienstes den Menschen auf das Leben verweist, das er „mit lauter Gottesdienst anfüllen" könne. Nur müsse er da seine Pflicht thun; d. h. „nichts von Gott begehren, denn sein Wohlgefallen", ihm keinen Lohn abdingen wollen, wie ein Mietling, sondern alles „umsonst" thun. In die freie Pflichterfüllung, die allein in dem „Glauben des Herzens" geschieht, setzt er alles. Auch den Wert des inhaltlichen Glaubens macht er abhängig vom reinen Herzensglauben. Aber leider — historisch war es ja durchaus gut und notwendig, aber unter kritischem Betracht leider! — macht er auch den innerlichen Glauben der Gesinnung selbst wieder von dem Schriftglauben abhängig, indem er jenen nur dem zugesteht, der sich zu diesem bekennt. Er vermag sich nicht zu erheben zu der konsequenten Anschauung, dass man ebenso guten Gewissens den Dogmenglauben ablehnen, wie annehmen könne, dass dieser nicht jedem Menschen angemutet werden dürfe, dass solche Zumutung zur Heuchelei führen, der dogmatische Schriftglaube den Gesinnungsglauben geradezu vernichten könne. Die Schrift also wirklich bloss als möglichen Inhalt des praktischen Glaubens zu betrachten, ist er nicht im Stande. Und dieses Widerspiel ist bestimmend auch für seine Idee der Kirche.

Auf der einen Seite glaubt er durch das „Wort Gottes" die Kirche nicht nur historisch, sondern normativ-ewig begründet, geordnet und gebunden; er erklärt fast mit papistischem Nachdruck, dass ausser der durch das Wort begründeten Kirche keine „Selig-

---

[1]) a. a. O. III. S. 749.

keit" sei.[1]) Auf der anderen Seite aber überwindet er gerade das Dogmatische wieder zu Gunsten des Praktischen, indem er bei der Auslegung das Gewissen frei giebt. Damit ist aber die Freiheit, zu der er sich trotz aller Gebundenheit an den Schriftglauben überhaupt, in seiner Idee der Kirche erhebt, noch nicht erschöpft. Er will — es ist eine Freude, das zu sehen! — das Beten und Singen, den ganzen statutarischen Gottesdienst, nur um der Einfältigen und des jungen Volkes willen. Der Gebärdendienst gilt ihm als an sich wertlos. Ausdrücklich ermahnt er „alle diejenigen, so diese Ordnung im Gottesdienst sehen oder nachfolgen wollen, dass sie ja kein nötig Ding daraus machen, noch jemandes Gewissen damit verstricken oder fahen, sondern der christlichen Freiheit nach ihres Gefallens brauchen, wie, wo, wann und wie lange es die Sachen schicken und fordern".[2]) Ein neues Ideal der religiösen Gemeinschaft sehen wir hier in der That emporwachsen, frei von dem Zwang der statutarischen Ordnung, erhaben über die zeitlichen und räumlichen Relationen, einzig gegründet in dem Glauben des Herzens. Eine Gemeinschaft, die nicht sichtbarlich sich richtet nach dieser kirchlichen Ordnung oder jener, die anerkennt, dass nicht bloss in ihr gerade jetzt, sondern immer und überall, auch unter dem Papst und unter den Türken, ja überhaupt „in aller Welt" gute Christen gewesen seien, kurz eine Gemeinschaft, die nach Luthers eigenen Worten nicht „leiblich", d. h. durch historische, statutarische Äusserlichkeiten zusammengehalten, sondern nur durch den inneren Herzensglauben „geistlich" geeint ist, die nicht sichtbar, sondern unsichtbar ist. Das eben darum, weil, wie Harnack sagt, für Luther „die Religion nichts Anderes ist, als Glaube, nicht besondere Leistungen, auch nicht ein besonderes Gebiet, sei es nun der öffentliche Kultus, oder eine ausgewählte Lebensführung, oder der

---

[1]) Vgl. § 12 und die daselbst erwähnte Kirchenpostille I. S. 162, sowie Harnack a. a. O. S. 745.
[2]) Vgl. § 12.

Gehorsam gegen kirchliche Ordnungen, seien sie auch heilsam, die Sphäre sein können, in der die Kirche und der Einzelne ihren Glauben bewähren, sondern . . . der Christ in den natürlichen Ordnungen des Lebens, weil sie allein nicht selbstgewählte, sondern ‚gebotene' sind, also als Gottesordnungen hingenommen werden müssen, seinen Glauben in dienender Nächstenliebe zu bewähren hat". [1] So kommt Luther den Forderungen Kants überaus nahe; ja er stimmt mit Kant fast wörtlich überein: erstens in der Ablehnung des „ganzen Krams auferlegter Observanzen", zweitens in der Auffassung des ganzen „statutarischen Lohn- und Frohndienstes", dem nicht mehr ein Selbstwert zugestanden wird, der lediglich, wie auch von Kant, als Mittel zur sittlichen und religiösen Erziehung angesehen wird; ferner in der Postulierung des guten Lebenswandels als des eigentlichen Gottesdienstes und endlich in der Idee der Kirche als „geistlicher", nicht „leiblicher" Gemeinde; mit Aufhebung des „erniedrigenden Unterschiedes zwischen Laien und Klerikern".[2]

Und doch klaffte in dem Ideale Luthers ein jäher Widerspruch, den Kant überwinden musste, um das Ideal rein herzustellen. Gewiss hatte der willensgewaltige Reformator gar viel „Blödsinn des Aberglaubens und Wahnsinn der Schwärmerei", um mit Kant zu reden, zerstört. Aber er hatte, nach des Philosophen eigenem und ausdrücklichem Urteil, auch noch genug davon übrig behalten. Und da unter kritischem Betracht auf das Viel oder Wenig — so wichtig dieser Gesichtspunkt auch historisch sein mag — gar nichts ankommt, sondern alles aufs Prinzip, so musste ein Geistesgewaltigerer der Menschheit erstehen, um allen Wahn zu zermalmen. So lange der Schriftglaube sowohl erst Wert durch den reinen „Glauben des Herzens" erhalten sollte, als auch an sich Wert haben, ja den reinen Herzensglauben erst ermöglichen sollte, liess sich das neue Ideal der religiösen Gemeinschaft

---

[1] a. a. O. S. 743.
[2] Vgl. oben § 12 und § 20.

nicht rein denken. Das Statutarische, die kirchliche Ordnung, konnte nicht selbst als blosses Mittel zur sittlich-religiösen Erziehung der Jugend und der Einfältigen widerspruchslos gedacht werden, solange der Schriftglaube nicht selbst bloss als solches „Vehikel" gedacht wurde. Das Pfaffentum war solange nicht besiegt — auch das meinen wir kritisch, nicht historisch —, solange nicht allen Ernstes und mit eiserner Konsequenz der Schriftglaube dem reinen Herzensglauben durch Vernunft untergeordnet war, solange nicht mit aller Schärfe und Deutlichkeit erkannt und ausgesprochen war, dass der Offenbarungsglaube keinen Imperativ verstattet, also unsere Denk- und Anschauungsweise nicht dogmatisch bestimmen darf, und dass ein solcher Imperativ, welch autoritativer Zwang ihn auch immer ausspricht, nimmermehr „einen Gläubigen zu machen" im Stande ist, weil dieser „das, was er heilig beteuert, nicht einmal versteht", dass er vielmehr zu einem „Mangel der Aufrichtigkeit führt, der lauter innere Heuchler macht".[1]) So muss er gerade den Herzensglauben, alle Verinnerlichung, die sittliche Eigenkraft und Freiheit der Person und des Gewissens gefährden und droht, allen Lohn- und Frohnglauben wieder aufzurichten, die sichtbare Kirche festzuhalten, und die unsichtbare zu bannen. Um die Ideale der Freiheit der Person und des Gewissens und der unsichtbaren Kirche nicht bloss festzuhalten, sondern auch zu sichern und festzugründen, um den Lohndienst als „Frohn-" und „Fetischdienst" absolut abzuweisen und den wahren Gottesdienst **wirklich allein in den guten Lebenswandel zu setzen**, dazu war die Einsicht einer starken, kritischen Vernunft nötig, die klar und scharf den Schriftglauben als blosses „Vehikel" erkannte, das „endlich wird entbehrt werden" können, das ihn darum als einen **blossen Inhalt mit relativer Geltung schied von dem praktischen Glauben, als dem Prinzip, das ewig gilt.**

---

[1]) Die Religion innerhalb der Grenzen der blossen Vernunft S. 290.

Aber damit war eben von vornherein die Aufgabe gestellt: die von Luther gewiesenen Ideale auf Vernunft zu gründen, ohne diese über ihre Grenzen hinausschweifen zu lassen. Es musste das religiöse Prinzip selbst als ein moralisches, vernünftiges erkannt, reinlich von allen anderen Bestimmungsgründen geschieden werden; der Wert der Person nun wirklich auf Vernunft und darauf auch die Idee der „ethischen Gemeinschaft" begründet werden, damit dem moralischen und religiösen Gefühl sein Sinn gesichert ward. Es war eine Riesenaufgabe. Kant hat sie, wie wir gesehen, vollbracht.

Nunmehr auf gutes Recht der Vernunft gestützt, kann er für seine Idealkirche alles Statutarische, den „Lohn- und Frohndienst" als „Fetischmachen" verschmähen, die Einzelpersönlichkeit autonom und frei ihre Anlage zum Guten auswirken lassen in einer „ethischen Gemeinschaft", die nicht „sichtbar", sondern „unsichtbar", nicht „leiblich", sondern „geistlich" ist. Darum können wir sagen: **In Kant ist Luthers sittlich-religiöses Fühlen auf den Standpunkt der Vernunft gelangt.**

Schlussbemerkung.

Unsere eigentliche Untersuchung ist beendet. Was Luther uns auch heute noch sein kann, und was er für alle Zeit bedeuten wird, mag klar geworden sein. Seine Grösse liegt darin, dass er durch seine autonome Denk- und Anschauungsweise — wir können jetzt selbst ruhig so sagen — über seinen Dogmatismus hinaustreibt. Das ist das wahrhaft Grosse an ihm. Es verkennen, heisst, ihn dem Geiste nach schlecht verstehen, und bei ihm dem Buchstaben nach stehen bleiben.

Er ist für das vorbedeutend gewesen, was Kant uns und allen kommenden Generationen sein muss; er hat Ideen verkündet, deren zeitlose Geltung erwiesen war, sobald sie überhaupt unter dem kritischen Gesichtspunkte gefasst waren; denn dann liessen sie sich auch aus der Vernunft herleiten, auf der Vernunft gründen. Aber sobald dies gelang, war auch der Bruch, der Riss, der noch durch Luthers Gedankenwelt klaffte, überwunden. Die Religion war selbst auf Moral und Vernunft gestellt, über Luther war man gerade auf Grund der grossartigen, von ihm selbst in seinem religiösen Fühlen erfassten Prinzipien mit unendlichen Perspektiven für die kommende religiöse Entwickelung hinausgegangen, das religiöse Leben war in grossartiger Weise durch Vernunft vertieft.

Das war die That Kants. Steht sie nun zu der des Reformators lediglich im Verhältnis einer zwar thatsächlich, obgleich nur innerhalb gewisser Grenzen stattfindenden, aber doch nur zufälligen Übereinstimmung? Bedeutet des Philosophen Anschauungsweise lediglich eine Wiederentdeckung und zugleich hochbedeutsame Vertiefung der reformatorischen Wahrheiten und treten beide ganz unvermittelt neben einander?

Einen direkten Einfluss Luthers, eine direkt bestimmende Einwirkung des Reformators auf Kant anzunehmen, dafür liegt nun, so überraschend das nach unseren Ausführungen auch sein mag, nicht der mindeste Grund vor. Wir werden daher auch jetzt Luthers Vorläuferschaft von Kant nicht anders verstehen dürfen, als wir sie in der Einleitung gefasst haben. Aber ein historisches Bindeglied besteht doch sicherlich zwischen beiden, wie wenig wir auch auf Grund dessen nun absolut bestimmte Angaben über etwaige Einwirkungen Lutherischer Gedanken zu machen vermögen. Indes eine keineswegs grundlose Vermutung lässt sich darüber wohl anstellen. Fast in allen Darstellungen von Kants Leben und Lehre wird der frommen Erziehung im Elternhause, wie der pietistischen Religionsrichtung gedacht, die zu Kants Jugendzeit in Königsberg von Bedeutung war.[1]

Es war jene edle, von blinder Schwärmerei möglichst freie Form des Pietismus, die durch die Vermittelung von Fr. Alb. Schultz sich an die Hallesche Richtung anlehnte, aber nun doch gerade durch die interessante Persönlichkeit Schultzes ein ganz eigenartiges Gepräge erhielt. Der Wolffsche Rationalismus, der, wie bekannt, gerade von Halle aus ganz energisch bekämpft ward, ja mit der Vertreibung Wolffs eine gewaltsame Unterdrückung erleiden sollte, ward merkwürdigerweise durch den von der Halleschen Religionsrichtung selbst stark beeinflussten Schultz nunmehr mit der pietistischen Frömmigkeit auf die interessanteste Weise zur Einstimmung gebracht. Gerade scharf begriffliches Denken suchte Schultz „auf scharfes Feststellen des Glaubens"[2] zu ver-

---

[1] Es ist das Verdienst G. Hollmanns, zum ersten Male mit Umsicht und Sorgfalt die Quellen, die nach dieser Rücksicht in Betracht kommen, vollständig erforscht und geprüft zu haben, um zugleich sehr feine und bedeutsame Hinweise nach dieser Richtung zu geben, ohne allerdings auf Luther selbst einzugehen. Vgl. Prolegomena zur Genesis der Religionsphilosophie Kants, von Georg Hollmann. Altpreussische Monatsschrift, Jahrg. 1899. S. 1—73.

[2] Vgl. dazu ausführlich Hollmann a. a. O. S. 27.

wenden. Und trotzdem ist es charakteristisch für diese ganze Richtung, dass sie im Grunde doch nichts Geringeres war, als eine „Reaktion gegen die Leblosigkeit der in scholastischen Formeln erstarrten herrschenden theologischen Richtung, die über der Integrität und Reinheit der Lehre die Bedürfnisse des praktischen Lebens einerseits und die Regungen des Herzens andererseits oft vernachlässigte".[1]) Scheint also nicht gerade der Königsberger Pietismus die ursprünglich lutherischen, rein praktischen Ziele, die dem Reformator aber noch sein ängstliches Festhalten an der „Lehre", in weite, ja für ihn selbst nicht erreichbare Ferne rückte, zu verfolgen? Und das gerade mit mehr Hintansetzung der „Lehre", des Dogmatischen, selbst auf Grund des strengen Denkens?

Darin scheint mir in der That die Vermittelung zwischen Luther und Kant zu liegen, die uns ihre Verwandtschaft einigermassen verständlich macht. Der ewige Wahrheitsgehalt, der in Luthers Ideen liegt, mag vielleicht gerade durch den Pietismus Kant zum Bewusstsein gelangt sein, selbst wenn der Philosoph ihres historischen Ursprungs, was mir sicher erscheint, nicht mit absoluter Deutlichkeit inne ward.

Aber selbst der Königsberger Pietismus scheint nun doch auch seinerseits nicht fähig gewesen zu sein, so sehr er vielleicht darnach strebte, jenen Wahrheitsgehalt als unbedingt sicher zu erweisen. Sein Ziel mag er mit Kant selbst in formaler Hinsicht gemeinsam haben, wie er auch den Inhalt des Zieles mit ihm gemeinsam hatte. Aber er gelangte eben trotzdem nicht vollkommen zu seinem Ziele. Dazu war erst Kant berufen.

Darnach gestaltet sich, glaube ich, das ganze Verhältnis folgendermassen: Was wir von Luthers, in ihrem Wahrheitsgehalte grossen und einzigartigen Ideen hier kennen gelernt haben, überkommt Kant zwar ohne klare Kenntnis der historischen Zusammenhänge durch den Pietismus, der jenen auch eine sichere

---

[1]) Hollmann ebenda S. 5.

Basis mit ziemlicher Selbständigkeit gegenüber der „Lehre" zu geben sucht. Aber dieser ist für seinen Teil noch nicht im Stande, sein·Streben vollkommen zu realisieren, vielleicht gerade weil seine Selbständigkeit noch keine vollkommene ist. Kant kann sich darum mit einer blossen Übernahme des Inhalts jener Ideen ebensowenig begnügen, wie mit ihrer pietistischen Fundierung. Diese mag, weil sie überhaupt begrifflich versucht wurde, wertvoll und für Kant selbst vorbildlich gewesen sein. Aber der Philosoph konnte bei ihr nicht stehen bleiben. Er musste leisten, was der Pietismus vielleicht nur versuchte, und er leistete es durch die originale Kraft seines Genies.

Das ist nur eine Vermutung über den historischen Zusammenhang. Leider werden wir wohl hier auch auf Vermutungen beschränkt bleiben müssen. Und vollends aus Kants Genie seine Ideen im Einzelnen ihrer Entstehung weiter analysieren zu wollen, als sie der allgemeinste historische Zusammenhang ahnen lässt, dürfte ein allzu kühnes Unternehmen sein. Sagt er, das Genie, doch selbst von „genialen Geistern", es sei völlig unbegreiflich, „wie sich ihre gedankenvollen Ideen in ihrem Kopfe hervor- und zusammenfinden". In die geheimnisvolle Werkstatt des Genies vermögen wir nicht einzudringen. Sein Wirken und Schaffen ist keiner Berechnung zugänglich. Nur seine That, nicht sein Thun vermögen wir zu verstehen. Und wenn uns an dieser That nun eine auffallende Übereinstimmung mit der eines anderen Genius begegnet, so suchen wir wenigstens für diese Übereinstimmung einen Erklärungsgrund. Und in der soeben angedeuteten Richtung scheint er uns für das innige Verwandtschaftsverhältnis unserer Helden zu liegen.

Freilich konnte der Philosoph naturnotwendig nicht die unmittelbare Wirkung in die Breite haben, die dem Reformator vergönnt gewesen war. Wann und wie Kants Ideal sich verwirklichen könne, in dem Umfange, wie das Ideal Luthers, das vermögen wir heute noch nicht abzusehen. Wir dürfen zum Schluss unserer Untersuchungen höchstens danach fragen, wann und wie, nach der Vorstellung Kants, die Ankunft des „unsichtbaren Reiches Gottes" zu denken sei.

Die auf Moral gegründete Vernunftreligion ist das der Menschheit aufgegebene Ziel. In kontinuierlicher Annäherung nur, nicht durch subitane Revolution, können wir es nach Kant erreichen. Aber die Zeit, die bisher am meisten zu solcher Annäherung sich aufgerafft habe, sei die „jetzige". „Fragt man nun," erklärt er ausdrücklich, „welche Zeit der ganzen bisher bekannten Kirchengeschichte die beste sei, so trage ich kein Bedenken, zu sagen: es ist die jetzige, und zwar so, dass man den Keim des wahren Religionsglaubens, so wie er jetzt in der Christenheit zwar nur von einigen, aber doch öffentlich gelegt worden, nur ungehindert sich mehr und mehr darf entwickeln lassen, um davon eine kontinuierliche Annäherung zu derjenigen alle Menschen auf immer vereinigenden Kirche zu erwarten, die die sichtbare Vorstellung (das Schema) eines unsichtbaren Reiches Gottes auf Erden ausmacht." [1])

Es war eine Zeit der Hoffnungsfreudigkeit überhaupt, als Kant diese Worte schrieb; eine Zeit, in der man den Menschen zur Freiheit und Vernunft vollkommen gereift wähnte, sodass Kant nur ein feines Lächeln für die Verächter der Aufklärung im guten und edlen Sinne des Wortes hatte und selbst nicht ohne eine gewisse Verachtung auf die hinabsah, die gegen des Menschen Männlichkeit eiferten und ewig des Volkes Unmündigkeit predigten. Aber das waren ja derer damals nicht allzuviele, mochte sich auch hin und wieder die Sucht der Unvernunft, alle Vernunft zu knechten, um so fühlbarer machen, und mochte Kant unter dem Wöllnerschen Regiment selbst genug zu leiden haben. Wir wissen genugsam, wie die Zeit allgemein bewegt war von gegenwarts- und zukunftsfrohen Stimmungen, und beherrscht von dem Glauben an die Männlichkeit und Mündigkeit des Menschen. Wie es kein Zufall war, dass Hutten im Zeitalter der Reformation be-

---

[1]) Die Religion innerhalb der Grenzen der blossen Vernunft S. 230.

kannte: „es ist eine Lust zu leben", so war es auch kein Zufall, dass Schiller in der hier in Rede stehenden Zeit ausrief:

„Wie schön o Mensch, mit deinem Palmenzweige
Steht du an des Jahrhunderts Neige
In edler stolzer Männlichkeit,
Mit aufgeschlossenem Sinn, mit Geistesfülle,
Voll milden Ernstes in thatenreicher Stille,
Der reifste Sohn der Zeit!"

Die gleiche freudige Stimmung, derselbe freudige Menschheitsglaube der Zeit und ihres Dichters spricht auch aus des Philosophen Worten.

Heute pflegt man kleinmütiger zu fühlen. Und an des letzten „Jahrhunderts Neige" hat man desperater über den Menschen gedacht. Seit Kant und Schiller dahingegangen sind, scheinen sich „edle stolze Männlichkeit" und „aufgeschlossener Sinn" mehr auf sich selbst zurückgezogen zu haben. Würde nicht Kant in manchen Zeichen der Zeit ein neues Erstarken des von ihm perhorreszierten „Blödsinns des Aberglaubens" und „Wahnsinns der Schwärmerei" erkennen? Würde er nicht gerade an der „jetzigen" Zeit Grund genug haben, zu verzweifeln? Scheint nicht der unglückselige konfessionelle Hader, der selbst vor der niedrigsten Verleumdung nicht zurückschreckt, — denken wir nur daran, wie konfessionelle Beschränktheit heutigentags gerade des Reformators Bild in allen seinen edlen Zügen zu entstellen trachtet! - gerade das Gegenteil einer Annäherung des auf „praktischer Liebe", Freiheit und Vernunft gegründeten „unsichtbaren Reiches Gottes" anzukündigen, d. h. ebenso unfrei, widervernünftig, wie ebendarum auch antichristlich zu sein? — Zu Zeiten Kants bemühte sich ein deutscher Bischof, Kantische Lehren und Anschauungen in seine Priesterseminarien zu verpflanzen. Giebt uns die Gegenwart auch nur die leiseste Hoffnung, dass heute ein ebensolches freiheitliches, edles Beginnen auch nur denkbar, geschweige ausführbar sei? — Ja ist nicht selbst in der Philosophie das Unheil, das die Romantik in ihrem absoluten Missverständnis des philosophischen Idealismus angerichtet hatte, immer noch wirksam? — Allein das alles hätte wohl doch unseren Philosophen nicht vermögen können, seine Hoffnungen für Gegenwart und Zukunft aufzugeben, wie es überhaupt den, der mutig den Glauben an die Vernunft und ihre Kraft nicht aufgiebt, niemals niederdrücken kann. Selbst vielleicht von der unmittelbaren Gegenwart würde Kant überzeugt gewesen sein, dass trotz aller Widrigkeiten die Macht der Vernunft unverkennbar Wurzel fasst, er würde hoffen, dass sie doch dereinst siege, mag die Unvernunft sich noch so eifrig zum Kampfe erheben. Ich sage: Kant würde selbst von unserer Zeit glauben, dass sie zu solcher Hoffnung berechtige, und wäre es auch nur durch den Hinweis darauf, dass wir heute, trotz mancher freiheitswidriger Bestrebungen, doch von einem, die religiöse Entwickelung und Freiheit hindernden Edikte weiter entfernt sind, als es die Zeit Kants bei aller ihrer Hoffnungsfreudigkeit war. Allein wir haben hier nicht Hoffnungen und Stimmungen, selbst denen Kants nicht, Ausdruck zu geben. Wir wollen nur wirkliche Wege, auf denen Vernunft in der Geschichte der Menschheit ihren Sieg erkämpfen kann, andeuten, soweit Kant sie angedeutet hat.

Wie also, fragen wir jetzt, denkt sich wohl Kant den Sieg der Vernunft über die Unvernunft, des Guten über das Böse vollziehen, da er sich dessen Vollziehung, wenn auch nicht schon nahezu erreicht, so doch wenigstens anheben denkt? Scheinbar sehr einfach, wie wir gesehen haben. Man braucht bloss „den Keim des wahren Religionsglaubens, so wie er jetzt in der Christenheit zwar nur von einigen, aber doch öffentlich gelegt worden, nur ungehindert sich mehr und mehr entwickeln" zu lassen. Dann wird sich auch das „unsichtbare Reich Gottes auf Erden" verwirklichen.

Die historische Mission der Zeit scheint also nicht schwer. Und doch zeigt sie sich als nicht ganz so einfach, wenn wir sie näher ins Auge fassen. Es sind zwei Voraussetzungen in der Kantischen Formulierung enthalten: Erstens liegt in der Christenheit zwar der Keim zum wahren Religionsglauben, aber zweitens hat sich dieser Keim äusserer Hindernisse wegen nicht entwickeln können. Gehen wir auf beide Voraussetzungen noch etwas näher ein.

In der Christenheit ist der Keim zum wahren Religionsglauben enthalten und bereits von einigen öffentlich gelegt worden. Der „Rationalist" und „Aufklärer" Kant denkt hier ganz erstaunlich historisch, obwohl wir auch noch die Grenzen seines historischen Denkens zu erkennen Gelegenheit haben werden. Er will unmittelbar an das Christentum den reinen Religionsglauben anknüpfen. Und das kann er auch, denn nach seiner Überzeugung ist ja „das Christentum die Idee von der Religion, die überhaupt auf Vernunft gegründet und sofern natürlich sein muss".[1]) Für Jesus, den „erhabenen Stifter des Christentums", jenen „göttlich gesinnten Menschen", wie er ihn nennt, hat Kant die aufrichtigste Verehrung und Bewunderung, da auch er schon in Wahrheit eine rein-moralische Religion habe gründen wollen, deren Ausbreiter sie nur zum Zwecke der Introduktion mit dem Judentum durchsetzt hätten. Und die christliche Schrift liesse sich in der That als „Vehikel" zur sittlich-religiösen Erziehung des Menschen brauchen, da sie ursprünglich auf moralischem Boden fundirt sei, und man sie nur nicht als Norm unserer Überzeugung überhaupt, insbesondere nicht der theoretischen gelten zu lassen braucht. Nicht durch „Revolutionen", sondern durch „allmählig fortgehende Reform",[2]) mit Anschluss an den christlichen Offenbarungsglauben will Kant also dem selbst schon ursprünglich-christlichen Ideale der Vernunftreligion nahe kommen.

Freilich wäre es sehr ungereimt, wollte man darin ein unsicheres Schwanken Kants, oder gar Menschenfurcht (etwa vor dem Wöllnerschen Regimente) sehen und meinen, Kant habe sich

---

[1]) Streit der Fakultäten S. 361, vgl. auch die Religion innerhalb der Grenzen der blossen Vernunft S. 236.
[2]) Die Religion innerhalb der Grenzen der blossen Vernunft S. 220.

mit dem Offenbarungsbegriff absichtlich im Dunkel gehalten, da er ja diesen Offenbarungsbegriff selbst nicht aufgiebt, ja nicht einmal den Offenbarungsglauben fallen lässt, den er doch so schmäht. Dieser Vorwurf wäre genau so haltlos, wie jener, der aus dem Lager gewisser vernunftfeindlichen Richtungen gegen Kant erhoben wurde, nämlich der des — Jesuitismus. Wenn er den Offenbarungsglauben nicht fallen lässt, so gilt dieser Kant doch nur als „Vehikel", und zwar, wenn auch als moralischbrauchbares Vehikel, so doch nicht als an sich wertvoll. Und wie er sich zum Begriff der Offenbarung stellt, ist von vornherein klar. Es ist richtig: er giebt diesen Begriff in seiner Religionsphilosophie nicht auf; und zwar absichtlich und bewusst, um nicht mit dem Naturalismus verwechselt zu werden. Den landläufigen „illuminalistischen" Sinn aber, den man für gewöhnlich mit dem Begriff der Offenbarung verbindet, also was man Inspiration nennt, muss er natürlich ablehnen, eben weil dieser Sinn alle „thörichten Vorstellungen" des „Adeptenwahns" und des „Illuminatismus", d. h. der „gewähnten Verstandeserleuchtung in Ansehung des Übernatürlichen" involviert, weil er Gott, der doch nie Urheber von Erscheinungen, sondern des Intelligiblen ist, als in die Erscheinungswelt eingreifend vorstellt, kurz zu allem „Blödsinn des Aberglaubens" und „Wahnsinn der Schwärmerei" führt, die Kant doch so energisch aus der Religion verweist.[1]) Der Philosoph muss ihn also in einer ganz anderen Bedeutung beibehalten haben.

So wie er die „göttlich gewirkte Anlage zum Guten" in der intelligiblen Persönlichkeit doch als natürlich, weil zu deren Wesen gehörig betrachtete, damit aber ebensowohl absolut antinaturalistisch, wie antisupranaturalistisch dachte, so denkt er auch rücksichtlich der Offenbarung ebenso antinaturalistisch, wie antisupranaturalistisch, indem er sie als bloss historische Kundgebung rein-menschlicher aber wegen ihres intelligiblen Ursprungs in die

---

[1]) Vgl. oben § 20.

Gottheit selbst zurückreichender Persönlichkeiten ansieht. Diese erfordern also wegen ihrer „intelligiblen", „göttlich gewirkten Anlage zum Guten" eine ganz andere Betrachtungsweise als die naturalistische, und zugleich auch, da sie nur innerhalb der Erscheinungswelt sich und anderen fassbar sind, eine ganz andere Betrachtung als die supranaturalistische. Und ebendarum kann Kant das Christentum als eine natürliche, und doch ebensowenig naturalistische, wie supranaturalistische Religion ansehen. Eine Unterscheidung, die von der grössten Tragweite ist, und von der es nur zu verwundern steht, dass sie in der Geschichte der Religion noch keine tiefgreifende Bedeutung erhalten hat. Auf Grund dieser Unterscheidung darf Kant sich mit dem Christentum als Vernunftreligion in Übereinstimmung fühlen und von der Entwickelung des in ihm liegenden Keims die Verwirklichung seines Ideals erhoffen. „In dem Prinzip der reinen Vernunftreligion, als einer an alle Menschen beständig geschehenen göttlichen (obzwar nicht empirischen) Offenbarung, muss der Grund zu jenem Überschritt zu jener neuen Ordnung der Dinge liegen, welcher einmal aus reifer Überlegung gefasst, durch allmählig fortgehende Reform zur Ausführung gebracht wird".[1)]

Aber es ist eben stets wohl zu bemerken, dass das keine „empirische", d. h. aus dem Transscendenten in die Erscheinungswelt unvermittelt eingreifende, an einige wenige als übernatürliche Verstandeserleuchtung gelangende, Offenbarung im Sinne des „Illuminatismus" bezw. der „Inspiration" ist; sondern eine „an alle Menschen beständig geschehene", durch den intelligiblen Ursprung der Anlage zum Guten gewirkte Offenbarung bedeutet, die in der Intelligibilität der Persönlichkeit selbst ihren Grund findet, und im sittlichen Bewusstsein offenbar wird.

Aber nun ist noch die zweite Frage zu beantworten: Was sind das für Hindernisse, die den im Christentum enthaltenen

---

[1)] Die Religion innerhalb der Grenzen der blossen Vernunft S. 220.

Keim der Vernunftreligion noch nicht haben zur Entwickelung gelangen lassen, die die Vernunft statutarischen Observanzen unterordnen wollen und so das Christentum als reine Vernunftreligion sich nicht wollen entfalten lassen? Wie können sie gehoben werden, um dem Ideal Eingang zu verschaffen, und dem Keim Entwickelung zu verstatten?

Kant trifft das — vorhin beiläufig erwähnte — Übel mit unverkennbarer Deutlichkeit: „Das von den ersten Ausbreitern der Lehre Christi klüglich beobachtete Verfahren, ihr unter ihrem Volke Eingang zu verschaffen, wird für ein Stück der Religion selbst für alle Zeiten und Völker geltend genommen, sodass man glauben sollte, ein jeder Christ müsse ein Jude sein, dessen Messias gekommen ist; womit aber nicht wohl zusammenhängt, dass er doch eigentlich an kein Gesetz des Judentums (als statutarisches) gebunden sei, dennoch aber das ganze heilige Buch dieses Volkes als göttliche, für alle Menschen gegebene Offenbarung gläubig annehmen müsse".[1])

Das Jüdische im Christentum ist es also, was dieses selbst darniederhält und die Entwickelung des reinen Religionsglaubens hindert und vereitelt. Kant giebt darum auch dem Mendelssohn, der seine Stammesgenossen vor dem Übertritt zum Christentum warnt, durch die Art, wie er die Mendelssohnsche Warnung deutet, eigentlich ziemlich unzweideutig Recht, denn der Jude, der zum Christentum überträte, würde im selben Augenblick auf einen Glauben, den er abschwört, wieder schwören. „Mendelssohn benutzt," sagt Kant, „diese schwache Seite der gewöhnlichen Vorstellungsart des Christentums auf sehr geschickte Art, um alles Ansinnen an einen Sohn Israels zum Religionsübergange völlig abzuweisen. Denn, sagt er, da der jüdische Glaube, selbst nach dem Geständnisse der Christen, das unterste Geschoss ist, worauf das

---

[1]) a. a. O. S. 264 f.

Christentum als das obere ruht, so sei es ebenso viel, als ob man jemandem zumuten wollte, das Erdgeschoss abzubrechen, um sich im zweiten Stockwerk ansässig zu machen. Seine wahre Meinung aber scheint ziemlich klar durch. Er will sagen: schafft ihr selbst erst das Judentum aus eurer Religion heraus (in der historischen Glaubenslehre mag es als eine Antiquität immer bleiben), so werden wir den Vorschlag in Überlegung nehmen können. (In der That bliebe alsdann wohl keine andere, als rein-moralische, von Statuten unbemengte Religion übrig.) Unsere Last wird durch Abwerfung des Jochs äusserer Observanzen im mindesten nicht erleichtert, wenn uns dafür ein anderes, nämlich das der Bekenntnisse heiliger Geschichte, welches das Gewissen viel härter drückt, auferlegt wird."[1])

Kant hat das Judentum überhaupt nicht als Religion gelten lassen. Es bedeutet für ihn nichts, als eine theokratische Kirchen-

---

[1]) a. a. O. ebenda. Obwohl auch in diesem Punkte das Gewissen des Einzelnen allein die Entscheidung und den Ausschlag geben kann und keinem Menschen auch nur zu raten ist, wird man sagen dürfen, dass Kant hier das moralische Bedenken, das selbständige und freie Charaktere gegen Religionsübertritte haben — wenigstens unter der Form, unter der allein sie den Meisten möglich sind —, am besten charakterisiert. Dagegen ist die Erklärung „warum man der öffentlichen Religionsveränderung nicht leicht Beifall giebt", aus dem Sicherheitsgefühle heraus, dass der Mensch für die Religion, in die er hineingeboren sei, doch nichts könne, nur zutreffend für Menschen von jener Gemächlichkeit, die, nach Kant, „schlimmer als alle Übel des Lebens" ist. Für den moralisch selbständigen Menschen dagegen kann allein dieser Widerwille gegen ausdrückliche „Bekenntnisse heiliger Geschichte" massgebend sein. Er wird überall wo, und solange wie für den Religionsübertritt die einfache und bündige, zu keinem Dogmenglauben verpflichtende Erklärung, er wolle sich als einer bestimmten Religionsgemeinschaft zugehörig betrachtet wissen, nicht genügt, sondern eben „Bekenntnisse heiliger Geschichte" verlangt werden, sich mit Kant sagen, dass „ein aufrichtiger Mensch eher jede andere Bedingung als diese eingehen möchte, weil er bei allen anderen Frohndiensten allenfalls nur etwas Überflüssiges, hier aber dem Gewissen in einer Deklaration, von deren Wahrheit er nicht überzeugt ist, Widerstreitendes thun würde".

verfassung, die aller Moral und Religion gerade hinderlich sei. Der jüdisch-theokratische Grundzug, meint also Kant, ist leider, ohne dass man sich dessen klar bewusst wäre, bis auf den heutigen Tag herrschend geblieben. Die „allmählig fortgehende Reform" ist also nichts Anderes, als eine „allmählig fortgehende" Befreiung des Christentums vom Judentum.

Jüdisch-theokratisch vor allem ist, nach Kant, noch die Moral, sofern sie sich als „theologische Ethik" prinzipiell der „philosophischen Ethik" gegenüberstellt, und darum mit Notwendigkeit, wie Kant betont hatte, dazu führt, im Begriff Gottes „die Eigenschaft der Ehr- und Herrschbegierde mit den furchtbaren Vorstellungen der Macht und des Nacheifers verbunden zu denken". Nicht mit dem bitteren und doch leichtfertigen Spotte Heines, auch nicht mit der ästhetischen Ironie Goethes kämpft Kant gegen die alttestamentliche Gottesvorstellung, sondern mit rein-moralischen Gründen bezeichnet er sie als für echte Moral und Religion höchst gefährlich und verderblich. „Der Anthropomorphismus", erklärt er ausdrücklich, „der in der theoretischen Vorstellung von Gott und seinem Wesen den Menschen kaum zu vermeiden, übrigens aber doch (wenn er nicht auf Pflichtbegriffe einfliesst) auch unschuldig genug ist, der ist in Ansehung unseres praktischen Verhältnisses zu seinem Willen und für unsere Moralität selbst höchst gefährlich".[1])

Schon Luther, der mit der Erneuerung des Dogmas sogar dem Judentum im Christentum selbst in gewisser Weise neues Leben gab, hatte doch wenigstens die alttestamentliche Gottesvorstellung gerade auch aus ethischen Gründen bereits erschüttern helfen, und eine weittragende Läuterung der Gottesidee angebahnt, indem er dem echt jüdischen Gedanken des Austausches zwischen Gott und Mensch, das Abbedingen der göttlichen Gnade durch gute Werke und Verdienst, als ob Gott, wie der Reformator sagt, ein „Trödler" wäre, bekämpfte. Und doch wird, nach der Ansicht

---

[1]) a. a. O. S. 268.

Kants, das Christentum diesen Gedanken nicht eher ganz los werden, als bis es den Gegensatz von theologischer und philosophischer Ethik losgeworden ist, da es doch zweierlei Moral, eine fürs Leben und eine — wer weiss, wofür? — nicht geben kann. Ein Gegensatz, dessen begriffliche Überwindung eben Kant gelungen ist.

Er giebt auch sonst noch Anweisungen zu der allmählig fortgehenden Reform. Luther hatte bei allem Anschluss ans Judentum durch seinen Dogmatismus, doch auch ausser durch seine Bekämpfung der Werkheiligkeit und damit des alttestamentlichen, ethisch wenig würdigen Gottesbegriffs, ein gutes Stück davon aus dem Christentum hinausgeschafft, indem er dazu noch die Sakramentenlehre vereinfachte. Wie schon aus dem Begriff des Gnadenmittels hervorgeht, ist diese, so christlich sie auch scheinen mag, doch im Kern jüdischen Geistes. Aber Luther hatte diesen zwar durch jene Vereinfachung eingeschränkt, indes nicht eliminiert. Mag er immerhin auch in ihnen den Glauben über das „Werk" gestellt haben (non implentur dum fiunt, sed dum creduntur), als „eigentümliche Formen des seligmachenden Wortes" sind sie doch Mittel zur Sündenvergebung.[1]) Historisch ist diese Re-

---

[1]) Vgl. Harnack a. a. O. S. 764. Ganz wird man also Harnack doch nicht beistimmen können, wenn er hier sagt, dass Luther „den bequemen und doch so nichtigen Gedanken von Gnadenstücken" wirklich „vernichtet" hätte. Denn die „Sündenvergebung" ist doch selbst ein „Gnadenstück". Mir scheint das auch aus Harnacks eigenen Worten hervorzugehen: „er (d. h. Luther) zertrümmerte das ganze System (nämlich der Gnadenstücke) und führt es wiederum auf den einen, einfach grossen, in jedem Christenleben sich immer wiederholenden Akt der Erzeugung des Glaubens durch Anbietung der gratia zurück". (S. 765.) Man wird nicht leugnen können, dass historisch durch die Zertrümmerung des Systems viel gewonnen ist. Aber infolge der Beibehaltung der Idee überhaupt kann man doch den Gedanken von Gnadenstücken überhaupt zum mindesten nicht für „vernichtet" ansehen. Übrigens wendet sich Harnack selbst (a. a. O. S. 792) gegen „Luthers Rückfall in die Betrachtung der Gnadenmittel" mit ihren „magischen Vorstellungen".

duktion sehr wertvoll, aber kritisch ist es damit nicht genug, weil für die moralische Religion alles aufs Prinzip ankommt. Darum hat die künftige Reform allmählig auch das von dieser Gnadenmittellehre noch Bestehende zu überwinden. Wie das zu geschehen hat, deutet Kant ebenfalls an,[1]) indem er darauf hinweist, dass dem, was man als Gnadenmittel wähnt, und das, als Gnadenmittel angesehen, „ebenso gemein, als der wahren Religion nachteilig ist",[2]) die sakramentale Bedeutung genommen und dafür

---

[1]) a a. O. S. 298 ff.
[2]) a. a. O. S. 291. Kant tritt mit dieser allegorisierenden Tendenz sogar bis an einzelne Dogmen, wie Rechtfertigung, Erbsünde, stellvertretendes Leiden heran. Darin aber nun Berührungspunkte mit Luther zu sehen, dass er diese Anschauungen nicht ohne weiteres ablehnt, verbietet schon Kants ganz andersartige Stellung zum Schriftglauben überhaupt, wie insbesondere eben seine allegorisierende Tendenz. Über deren Berechtigung mag man ja immerhin noch streiten können. Jedenfalls aber ist zu betonen, worauf bisher am treffendsten Troeltsch (Das Historische in Kants Religionsphilosophie, Kantstudien IX., S. 78) hingewiesen hat, dass es nicht zutrifft, zu meinen, „dass Kant die christlichen Dogmen einfach im Sinne seiner Moralreligion allegorisiert habe" ... „Er hat sie nicht mehr allegorisiert, als es die ganze moderne Theologie thut, wenn sie von wesentlichen und ewigen christlichen Ideen und zeitgeschichtlichen Hüllen spricht. Es ist dann eben nur die Auffassung des Wesentlichen und damit die Deutung der zeitgeschichtlichen Hüllen eine andere."

Kant erkennt in der That in den Lutherischen Dogmen des Christentums einen ewigen Gehalt an. Trotzdem ist hier seine Stellung eine so absolut andere, wie die Luthers, dass es, trotz mancherlei Übereinstimmung im Worte, doch den Anschauungen beider Männer Gewalt anthun hiesse, wollte man auch nach dieser Richtung hin eine tiefere Übereinstimmung in der Sache sehen. Kant verhält sich zu Luther hier nicht anders, wie sich auch die moderne Theologie zum Reformator verhält. Die Idee des stellvertretenden Leidens z. B., in der beide ganz übereinzustimmen scheinen, wird in beider thatsächlichen Gegensätzlichkeit sofort klar, wenn wir bedenken, welche verschiedene Stellung der Reformator und der Philosoph zur Persönlichkeit Jesu einnehmen. Und die Erbsünden- und Rechtfertigungs-Lehren haben bei beiden eben keinen anderen Berührungspunkt, als jenen ganz allgemeinen des Verhältnisses der Persönlichkeit zur Gottheit. Im Einzelnen aber sind sie doch so grundver-

eine symbolische gegeben werden könne. Ob diese Idee durchführbar ist, das ist freilich eine andere Frage. Jedenfalls stellt sich aber für Kant so das Ziel der „Religion innerhalb der Grenzen der blossen Vernunft" als das vom Judentum gereinigte Christentum dar.

Zu diesem Ziele hat schon Luther mit aller Kraft hingedrängt. Aber er selbst rang sich aus „der Massivität seines mittelalterlichen Aberglaubens, den vollendeten Widersprüchen seiner Theologie", wie Harnack erklärt,[1]) nicht zur Klarheit und Einheit durch. Er klärte das judaisierte Christentum nicht in der Weise ab, in der Kant dies vermochte, und doch trieb, wie gezeigt, in Luther sovieles auf dies grosse Ziel hin, dass wir ihn einen Vorläufer Kants nennen dürfen. Freilich er selbst würde bei den Schranken seiner Eigenart sich vielleicht dagegen verwahren, und es wird das heute auch noch jeder thun, der, wie Harnack sagt, „die Schranken der Lutherschen Eigenart als sein Bestes preist". Aber überaus richtig erklärt Harnack: „Es ist doch eitel Romantik und Selbsttäuschung, wenn man die Schranken der Lutherischen Eigenart als sein Bestes preist, und es ist noch schlimmer als Romantik und Selbsttäuschung, wenn man das, was einem Heros erlaubt war, der nicht reflektierte, sondern that, was er musste, zu einem allgemeinen Gesetze für eine Zeit erheben will, die, wenn sie sich unbefangen und rücksichtslos der Erkenntnis der Wahrheit hingiebt, auch thut, was sie thun muss".[2])

---

schieden, dass wir hier nur die Übereinstimmung in jener allgemeinen Anschauungsweise anerkennen dürfen. Den Unterschied im Einzelnen aber können wir dahin aussprechen, dass für Kant die Objektivität jener Ideen eine regulative, für Luther eine dogmatisch-konstitutive ist. Darum haben wir in unserer Darstellung absichtlich und bewusst den Hinweis auf diese Lehre vermieden und uns mit der Konstatierung der wirklichen Übereinstimmung begnügt. Diese aber liegt hier, wie gesagt, in der Auffassung des Verhältnisses der Persönlichkeit zur Gottheit.

[1]) Harnack a. a. O. S. 733.
[2]) Ebenda.

„Wenn sie sich unbefangen und rücksichtslos der Erkenntnis der Wahrheit hingiebt." — Damit ist zugleich mehr als eine blosse Rechtfertigung, es ist darin auch eine Pflicht ausgesprochen, eine Bedingung, die auch nach Kants Meinung für die allgemeine Geschichte der Religion von der äussersten Bedeutung ist. Die rücksichtslose Hingabe an die Wahrheit heisst Wahrhaftigkeit; ihre konkrete Erscheinung Aufrichtigkeit. Sie ist nach unserem Philosophen auch die oberste Bedingung, um das wahre Wesen der Religion von ihrer bloss historischen Form zu unterscheiden, um in den inneren Gehalt anstatt in die äussere Form den Wert zu legen. Aber gerade hier sah Kant die grösste Schwierigkeit, die der Erfüllung seines Ideals entgegenstimmt: „O, Aufrichtigkeit, du Asträa, die du von der Erde zum Himmel entflohen bist, wie zieht man dich (die Grundlage des Gewissens, mithin aller inneren Religion) von da zu uns wieder herab?"[1])

Wenn der Mensch wird angefangen haben, die Wahrhaftigkeit zu lieben und selbst wahrhaftig zu sein, dann wird er, meint Kant, auch nicht anders können, als religiös zu sein. Er wird, wie Luther sagt, die Welt „mit lauter Gottesdienst erfüllen".

Eine derartig aufrichtige Zukunft würde anstatt theoretische Dogmen und statutarische Satzungen allein das innerliche, religiöse Leben zum ausschliesslich religiösen Wert erheben. So könnte auch die christliche Schrift, die ja Kant selbst als das bisher einzig brauchbare „Vehikel" zur sittlich-religiösen Erziehung erklärt, ihre wahre Bedeutung erhalten, wenn man ihre Auffassung und Aneignung vom Zeitlichen menschlicher Vorstellungsweise befreite und das Ewige, das zeitlos Giltige der sittlich-religiösen Bestimmung in den Vordergrund stellte, wenn man nicht das Glaubensbekenntnis ihrer theoretischen „Archaismen", wie die Anhänger des extremen Dogmatismus und auch die extremen Gegner des Christentums thun, — darin stimmen merkwürdigerweise beide überein, — als zum Wesen des Christentums selbst gehörig an-

---

[1]) Kant a. a. O. S. 289.

sähe; und wenn man deshalb endlich davon abliesse, die theoretischen Überzeugungen durch sie dogmatisch normieren und reglementieren zu wollen.

Auf diese Weise würde selbst, wenn es niemals sollte ganz ohne Statutarisches abgehen können, doch diesem nur ein mittelbarer, introduktorischer, erzieherischer Wert beigelegt, mit dem ein jeder es halten könnte, wie er wollte, je nachdem er dieses Mittels noch bedürfte oder nicht. Das Gewissen würde durch theoretische Satzungen in seiner Freiheit nicht mehr bedroht. Beides würde frei gegeben: Glauben und Wissen.

Aber dem Historischen würde dann doch, je nach dem es die Auswirkung der sittlich-religiösen Bestimmung ermöglicht, selbst ein verschiedener Wert als Vehikel zukommen. So treffend Kant über das historische Verhältnis des Jüdischen zum und im Christentume urteilt, so richtig er die äussere Form überhaupt und im Allgemeinen als blosses „Vehikel" des prinzipiellen religiösen Gehaltes würdigt, an den einzelnen, besonderen Formen des religiösen Lebens in der Geschichte, findet sein historisches Verständnis doch seine Grenze. Und diese notwendige Unterscheidung auch innerhalb der einzelnen Formen der Darstellung des religiösen Gehaltes in der Geschichte ist doch nicht zu übersehen. Kant mag immerhin Recht haben, dass es unter rein-religiösem Betracht allein auf das Prinzip ankommt, aber er übersieht, dass die geschichtliche Darstellung und Auswirkung des Prinzips eben doch eine verschiedene ist, je nach der Verschiedenheit eben der geschichtlichen Formen selber, dass also diese für die Religiosität nun eben doch auch eine verschiedene Bedeutung haben: erstens in Bezug auf die Religion selbst, insofern sie in Rücksicht auf die Darstellung des religiösen Ideals ganz verschiedenwertige reale Potenzen für dessen Auswirkung bedeuten, und zweitens, dass sie inbezug auf allgemeinere Kultur- und Geschichtswerte sonst eine durchaus verschiedene Wertstellung je nach ihrem Kulturzusammenhange haben.

Insofern liegt nun doch auch in dem, was Kant im Gegensatz zum religiösen Prinzip als „Manier" bezeichnet, eine Verschiedenwertigkeit. Wenn darin nicht die gute Gesinnung das einzig treibende Motiv ist, dann mag, insofern hat Kant durchaus Recht, jede Form in rein religiöser Beziehung gleichwertig sein. Aber darum sind noch lange nicht alle Formen des religiösen Lebens überhaupt und in religions-geschichtlicher Beziehung gleichwertig. Hier treten eben je nach dem Kulturzusammenhange doch zu dem rein moralisch-religiösen Wertgesichtspunkte noch andere allgemeine ontologische Werte hinzu und gehen in jeder Religionsform mit ihm eine Einheit ein.

Kant giebt einen Abstand in der Manier zwar zu; aber er legt auf diesen Abstand kein Wertgewicht; er betrachtet ihn nicht unter allgemein historischem oder kulturellem Gesichtspunkte. Und eben darum macht er auch kaum einen Wertunterschied zwischen einem „tungusischen Schaman" und einem „europäischen Prälaten", zwischen „dem ganz sinnlichen Mogulitzen" und dem „sublimierten Puritaner". Und doch liegt auch in Bezug auf das religiöse Leben darin ein eminenter Wertunterschied. Hier greift der religiöse Wert über auf die geschichtlichen Werte, und was Kant „Manier" nennt, das ist eben selbst die religionsgeschichtliche Darstellung des Ideals, an Wert also unendlich mannigfaltig, nicht bloss weil das religiöse Ideal eben eine wertverschiedene Darstellung erhält, sondern weil sich überhaupt darin verschiedenwertige Potenzen zu seiner Realisierung manifestieren.[1])

Freilich — und darin muss Kant allezeit Recht behalten, — wird man über der historischen Form nie den idealen Gehalt vergessen dürfen. Denn nur um dessen willen hat jene Wert, und sie hat eben desto mehr Wert, je mehr sie selbst einerseits das

---

[1]) Unter diesem Gesichtspunkte muss natürlich auch das von Kant etwas gar zu stiefmütterlich behandelte Judentum betrachtet werden, damit man ihm historisch gerecht werden kann.

Ideal schon zum Ausdruck bringt, andererseits die Kraft hat, es immer mehr zum Ausdruck und zur Wirksamkeit gelangen zu lassen. Aber sie hat auch nur solange Wert, als sie sich vermittels dieser Gesichtspunkte überhaupt auf das Ideal beziehen lässt.

Nach dieser Richtung hin ist Kants Prinzip zu ergänzen; aber es ist der Ergänzung fähig, ohne an seiner prinzipiellen Kraft etwas einzubüssen.

Und darum wird des Philosophen Blick auf die historische Lage nur selbst etwas mehr unter den historischen Gesichtswinkel eingestellt, doch das Wesentliche immerhin erkannt haben. So dürfen wir deshalb mit Lotze sagen: „Es ist zu hoffen und zu wünschen, dass das tiefsinnige Zartgefühl des Gewissens in der Behandlung aller Lebensinteressen, die gesundeste Frucht, welche das lebendige Christentum in nicht wenigen Gemütern getragen hat, für grösser anerkannt werde, als die dem Schönsten und Besten der neueren weltlichen Bildung sich abwendende Vorliebe für das unergründlich Nutzlose und für die Archaismen, die den Geschmack beleidigen ohne den Glauben zu stärken".

Es ist weiter mit Lotze zu hoffen, dass das bestehende Kirchenwesen sich immer mehr der reinen Religion anpasse, die Religion immer mehr in sich aufnehmen könne. Wäre es dazu nicht im Stande, so würden wir seinen Zerfall dennoch „für heilsamer halten, als den erneuerten Versuch, in äusserlicher Realität eine Institution aufrecht zu erhalten, für deren Wahrheit die inneren Bedingungen fehlen. Schön und wünschenswert wird die nächste Zukunft, die dann folgt, ohne Zweifel nicht sein; aber zuverlässig können wir darauf hoffen, dass nicht nur die lebendige Religiosität wachsen wird, wenn sie nicht mehr Streit mit unzutreffenden äusseren Einrichtungen hat, sondern dass das unvertilgbare Bedürfnis des Menschen, mit seinem Glauben nicht unanerkannt allein zu stehen, zu freiwilligen Gründungen grösserer kirchlicher Gemeinschaften, ohne den undurchführbaren Anspruch einer Gewalt über die Nichtangehörigen, zurückleiten muss".[1]) Aber der Verzicht auf diesen Gewaltanspruch

---

[1]) Mikrokosmos III. S. 378 f. Mit diesen Gedanken Lotzes berührt sich, soweit ich sehe, aufs innigste eine treffliche Ausführung Pfleiderers (in der Monatsschrift „Deutschland", Aprilheft 1903). Er schreibt im engeren Zusammenhange mit der religiösen Lage der Gegenwart über den modernen „Reformkatholizismus". Ohne die edlen Absichten dieser Bestrebung zu verkennen, wird sie doch sehr richtig als etwas Halbes gekennzeichnet. Denn halb und inkonsequent ist und bleibt es, Freiheit des Gewissens erstreben zu wollen und doch sich autoritativer Bestimmung zu unterwerfen. In religiöser Beziehung sind Gewissensfreiheit und Autorität zwei Extreme, zwischen denen es nun einmal keine Berührung, zwei Gegensätze, zwischen denen es kein Paktieren giebt. Mit Recht verspricht sich Pfleiderer darum von der reformkatholischen Bewegung keinen Erfolg. Zur wahren Freiheit vermag sie bei ihrer autoritativen Anhängigkeit nicht zu führen, und die „wirklich frei gewordenen" können sich ihr darum nicht anschliessen. Aber auch das sieht Pfleiderer: Dem Übertritt jener „frei gewordenen" zum Protestantismus schiebt auch hier die konfessionelle Gebundenheit, oder wie Kant sagt, die Forderung des „Glaubensbekenntnisses heiliger Geschichte", einen Riegel vor; wenigstens gegenwärtig noch in den meisten Ländern. Aber Pfleiderer eröffnet eine ebenso schöne, wie richtige Perspektive in der Überzeugung, dass auch unter den Protestanten nicht wenige „der Meinung sind, dass in den konfessionell und staatlich gebundenen protestantischen Kirchen die Idee der Reformation und die ewigen Wahrheiten des Evangeliums noch nicht zum reinen und dauernd wirksamen Ausdruck gekommen seien, und dass daher unserem religiösen Leben eine Erneuerung der Reformation not thäte. So könnte es vielleicht dereinst dahin kommen, dass die Gleichgesinnten, nach einer neuen Reformation sich Sehnenden, aus beiden Kirchen sich zusammenfinden und zu einer neuen christlichen Glaubensgemeinschaft verbunden würden, die gleichsehr unabhängig von Rom, wie vom Staate, vom Tridentinum, wie von der Konkordienformel". (S. 72.) In ihr wäre allerdings die Idee der Reformation rein zum Ausdruck gebracht; aber ebenso das Ideal Kants, dem dadurch auch seine historische Anwendbarkeit ermöglicht wäre. Und so zeigt sich auch hier, wie Luther zu Kant führt.

Auch das dürfte mir Pfleiderer zugeben. Ein vorzüglicher Aufsatz, den er zum 100. Todestage unseres Philosophen in den „Wartburgstimmen"

wäre selbst schon von positiver Bedeutung. Er wäre die Proklamation des religiösen Friedens der Menschen auf Erden, die da guten Willens sind, und die Anerkennung des guten Lebenswandels, als des einzigen Bestimmungsfaktors des unsichtbaren Reiches Gottes auf Erden.

über „die Religionsphilosophie Kants" veröffentlicht hat, berechtigt mich zu dieser Vermutung.

Leider ging mir diese Abhandlung erst nach vollendeter Drucklegung meiner Arbeit zu, so dass ich hier nur zum Schluss kurz auf sie hinweisen kann, während ich sie lieber in der Einleitung etwas ausführlicher herangezogen hätte, da sie höchst bedeutsame Hinweise auf mein Thema enthält. Pfleiderer macht mehrmals auch auf Luther und seine für Kant vorbedeutende Wirksamkeit aufmerksam. Und wenn er auch der Absicht seines Themas gemäss diese innige Beziehung nicht ausführlich darstellen kann, so trifft er doch, soweit er innerhalb seines Themas überhaupt darauf hinweisen kann, durchaus den Kern der Sache. Er erkennt deutlich die Schranken Luthers im Dogmatischen, wie die Kants im Historischen; ihre Grösse aber in ihrer Grundtendenz, davon aber sagt er, „dass die Grundtendenz der Kantischen Religionsphilosophie dieselbe ist, wie die der Theologie Luthers". Ich brauche hier kaum noch ausdrücklich Pfleiderer zuzustimmen. Meine ganze Schrift wird auch für das, was Pfleiderer hier nur kurz andeuten konnte, den ausführlichen Nachweis erbracht haben.

www.ingramcontent.com/pod-product-compliance
Lightning Source LLC
Chambersburg PA
CBHW020839160426
43192CB00007B/716